LA DOBLE CARA DEL GOL

última línea
de ensayo

Eduardo Muñoz
H.G. Amo

LA DOBLE CARA DEL GOL

Del business al potrero

Prólogo, por Esther Sullastres

Primera edición, abril de 2026

© Última Línea, S.L., 2026
Juan Cortés Cortés, 3
29010 Málaga
www.ultimalinea.es
editorial@ultimalinea.es

 www.facebook.com/EditorialUltimaLinea

 @EdUltimaLinea

ISBN: 978-84-16159-36-9
Depósito legal: MA 378-2026
THEMA: SFB, SCX, JK

Impreso en España — Unión Europea

ÍNDICE

A mi padre, Juan.

Desde niño me enseñaste que el fútbol no solo se juega: se vive. Con tu pasión y esa sagrada rutina compartida, me mostraste que la pelota puede ser un puente entre generaciones y un refugio donde aprender a estar juntos.

A mi familia,

esa con la que nos abrazamos en los partidos del Mundial, donde las diferencias se suspenden, el tiempo se detiene y por noventa minutos nos volvemos uno solo. Gracias por hacer del fútbol un lenguaje común, un ritual y un hogar.

Y a mi hijo Ciro,

para que algún día recuerdes que tu padre escribió este libro como un homenaje al fútbol en su forma más pura.

A la amistad que nace alrededor de una pelota.

A la esencia del juego, esa que no se compra ni se vende y que vale la pena cuidar cuando todo lo demás se vuelve ruido.

Eduardo Muñoz

Este libro es, también, un acto de amor.

A lo que heredé.

Y a lo que espero dejarte.

A mi madre, Josefa,

porque me hizo enamorarme de las historias que me contaba y crear la mía propia para explicarla a otros.

Aunque pasamos poco tiempo juntas, este libro es un homenaje a tu personalidad y a tu persona, porque recuerdo enamorarme del fútbol viendo un partido en televisión acompañando a mi padre a tomar algo al bar.

A Raquel,

que me devolvió a un estadio de fútbol regresando como aficionada tras años sin pisar uno, desencantada de ese deporte. Sigamos viviendo aventuras por el verde y disfrutando del deporte rey. ¡Que ruede el balón!

Helena García

¿POR QUÉ ELEGIMOS ESTE TÍTULO Y ESTA IMAGEN DE PORTADA?

El gol es el instante máximo del fútbol. Un segundo de emoción compartida, la ilusión intacta de un niño en el potrero, un gesto capaz de unir a millones. En ese momento suspendido se condensa todo lo que el juego promete: pertenencia, alegría, identidad.

Pero ese mismo instante tiene otra cara. Otra cara muchas veces ignorada, o disimulada. Otro rostro que invisibilizamos para preservar la emoción y la pasión. Pero que sigue ahí, empecinado, impertinente.

La doble cara del gol no es una metáfora estética ni una provocación editorial. Es una advertencia. Aquello que concentra tanta pasión, tanto dinero y tanto poder nunca es neutral. El fútbol no solo produce espectáculo. Produce sentido, legitima conductas y organiza silencios.

Esa ambivalencia no es casual. El fútbol funciona como un microcosmos de la sociedad que lo rodea. En él conviven lo lúdico y lo económico, lo popular y lo corporativo, la emoción genuina y una lógica extractiva que muchas veces queda fuera de foco. Lo que allí ocurre no es una anomalía. Es un reflejo amplificado.

Elegimos este título porque el gol no solo celebra. También oculta. Mientras millones siguen el recorrido del balón hasta la red, otras dinámicas permanecen invisibles: relaciones de poder desiguales, trayectorias truncadas, violencias normalizadas y delitos que rara vez ocupan la escena principal. El brillo del resultado suele tapar las condiciones que lo hicieron posible.

La imagen de portada guarda esa misma tensión. Un rostro femenino hecho balón, atravesado por huellas y sombras. Lo femenino remite a la belleza original del juego; los ojos cerrados, a la inocencia y a aquello que muchas veces se elige no ver. La imagen no acusa ni absuelve. Muestra cómo la belleza del fútbol convive con las marcas de un sistema que exige más de lo que protege.

Hablar de la doble cara del gol es, en definitiva, hablar de responsabilidad. De lo que ocurre cuando el éxito justifica todo. De cuando la épica deportiva se convierte en coartada para no mirar más allá del marcador.

Este libro no busca quitarle magia al fútbol. Busca devolverle profundidad. Porque solo entendiendo sus tensiones es posible pensar un deporte que no se limite a entretener, sino que también se haga cargo de sus consecuencias.

PREFACIO

CUANDO EL FÚTBOL NOS ATRAVIESA

El fútbol nos atraviesa antes de que sepamos ponerlo en palabras.

Está en la infancia, en una pelota gastada, en una calle cortada, en una camiseta heredada. Está en el abrazo con un padre, en la tribuna, en la alegría que no se explica y en la tristeza que se comparte.

Para millones de personas, el fútbol no es un negocio: es un refugio.

Pero ese refugio, con el tiempo, se transformó también en industria.

Y en ese pasaje, del juego al mercado, algo esencial empezó a tensarse.

Este libro nace de esa fricción.

Crece desde esa contraposición que no podemos ignorar.

De un lado, el fútbol como espacio de pertenencia, de identidad, de contención emocional. El lugar donde muchos chicos encuentran una oportunidad, una disciplina, una salida cuando todo alrededor falla. El fútbol que todavía salva, que ordena, que abraza.

Del otro, el fútbol como sistema de poder, presión, dinero y silencios incómodos. Un engranaje que produce ídolos, pero también desgaste, miedo y soledad.

Entre esas dos dimensiones está el futbolista.

No el personaje idealizado del póster ni el villano de los titulares.

La persona.

El cuerpo que rinde.

La mente que soporta.

La historia que casi nunca se cuenta.

A lo largo de estas páginas no vas a encontrar una acusación al fútbol. Tampoco una defensa ingenua. Vas a encontrar una mirada incómoda pero necesaria: cómo un deporte que nació para humanizar puede, si no se lo cuida, exponer a quienes lo sostienen con su cuerpo y su talento.

Como criminólogos, trabajamos desde hace años analizando sistemas que fallan. Y el fútbol, cuando deja de cuidar, también falla. No siempre con delitos visibles, sino con presiones normalizadas, violencias simbólicas y abandonos silenciosos. Ahí donde nadie mira porque «es parte del juego».

Este libro cruza dos mundos que rara vez dialogan: la pasión y el análisis. El refugio y el negocio. La épica del gol y lo que sucede cuando se apagan las luces.

No para romper el encanto, sino para preservarlo.

Porque si olvidamos que el fútbol fue, y debe seguir siendo, un espacio de cuidado, entonces el problema no es solo el sistema: somos nosotros mirando para otro lado.

Este libro es una invitación a mirar de frente.

A entender.

Y, sobre todo, a no olvidar por qué empezamos a amar este juego.

PRÓLOGO

Esther Sullastres
Jugadora del Sevilla Fútbol Club y de la Selección Española

El fútbol es pasión, sí. Pero también es poder, dinero y silencio. Cuando el balón deja de rodar, también hay historias que deberían contarse. Esta es una de ellas.

Después de leer y analizar los distintos puntos tratados en *La doble cara del gol*, siento la responsabilidad de compartir algunos aspectos comportamentales que se viven dentro de un vestuario, ese espacio donde el deporte rey, que moviliza a millones, revela también su rostro más íntimo y menos conocido.

Mis diecisiete años en la élite de este deporte me han permitido vivir y experimentar una serie de cambios generacionales: cambios en la forma de gestionar los conflictos, en las dinámicas de grupo, en el tipo de liderazgo... incluso una cierta involución en lo que respecta a los valores esenciales que deberían sostener esta profesión. ¿De qué manera el fútbol se refleja en la vida de un país? ¿Y cómo la vida de un país se proyecta en su fútbol?

Por lo general, el futbolista es alguien que, desde muy joven, muestra una habilidad sobresaliente y es separado de su entorno familiar, social y académico con el objetivo de potenciar ese talento. Sabiendo que solo una minoría alcanza la élite, este proceso se convierte casi en un factor de riesgo para quienes no lo consiguen. Muchos quedan atrapados en una vida idealizada que nunca llega, habiendo descuidado su formación académica, emocional y social. Crecen en una burbuja, en un mundo que les facilita todo durante una etapa crucial de su desarrollo, y que muchas veces los incapacita para afrontar las exigencias de la vida adulta como individuos funcionales. En esta doble cara del gol, se están formando personas vulnerables, con escasa capacidad de juicio y fácilmente manipulables ante dinámicas como el lavado de activos —tema central del capítulo II— o la instrumentalización mediática y política del deporte.

El fútbol moviliza a las masas. Aunque masculino y femenino atraen públicos y narrativas diferentes, ambos comparten un punto de encuentro: la fuerza que tiene este deporte como espacio simbólico. Para muchos, ya no es solo entretenimiento, sino un terreno donde se construyen identidades, se refuerzan ideologías, se disputa el poder o incluso se canaliza la protesta. El futbolista, en ese contexto, no solo juega: representa. Por ello, asume —le guste o no— una responsabilidad moral de encarnar valores como el esfuerzo, la perseverancia, la resiliencia, el respeto al rival y la aceptación de la derrota. Mantener esa entereza en un entorno tan pasional —y a menudo tan mediático— no es tarea fácil.

A través de este libro he comprendido aún más que el fútbol no es un ente neutro. Es un espejo de nuestras sociedades: en él se reflejan nuestras luces, pero también nuestras sombras. Las violencias normalizadas en las gradas, la explotación de menores en academias, la corrupción institucional, el racismo, el machismo, la manipulación política y mediática... todo esto convive, en mayor o menor grado, con la emoción legítima del gol, con la alegría compartida, con la superación personal y colectiva.

El fútbol puede ser belleza, comunidad y transformación. Pero también puede ser un campo fértil para la desigualdad, la exclusión y el delito si no se observa con mirada crítica. Este libro no busca manchar el balón, sino limpiarlo. Porque para que la pelota siga rodando de verdad —y no se convierta en un símbolo vacío— necesitamos mirar de frente sus grietas.

Yo aún creo en el poder del fútbol para cambiar vidas. Pero también creo que, para lograrlo, debemos atrevernos a cuestionar lo que tantas veces hemos naturalizado. Esa es, quizá, la mayor lección de *La doble cara del gol*.

CAPÍTULO I

EL FUTBOLISTA: ENTRE EL ÍDOLO Y LA PRESIÓN

1. El jugador sin el cual el fútbol no existe

Existen personas que juegan al fútbol y existen otras que sostienen la esencia misma de lo que este deporte representa. El futbolista de élite no es una pieza más del engranaje: es el engranaje mismo. Sin su cuerpo, su talento y su historia no hay espectáculo ni negocio. No existirían los estadios llenos, los contratos millonarios ni la pasión que atraviesa generaciones. El sistema entero gira a su alrededor, aunque rara vez se lo reconozca en voz alta.

Por eso importa tanto.

Berlín, 2006. Final del mundo. El estadio late como un corazón gigante. Zinedine Zidane camina hacia los vestuarios. La Copa del Mundo queda atrás. El cabezazo ya ocurrió. No fue solo una falta. Fue el instante exacto en el que el símbolo dejó de ser intocable y volvió a ser humano. Dolió en él. Dolió en todos.

No fue un caso aislado. Cantona saltando a la tribuna. Maradona con la mano que dividió al mundo. Cada uno de esos gestos recuerda que el fútbol no produce solo goles: produce símbolos. Y los símbolos pesan.

Aquí emerge la tensión central de este libro. El futbolista puede transformar, abrir caminos, ofrecer pertenencia y refugio. Pero también puede convertirse en el punto más frágil del sistema. Es en su figura donde se concentran las presiones económicas, las expectativas morales y las exigencias imposibles de sostener en el tiempo.

Se le pide que gane.

Que represente.

Que inspire.

Que no falle.

Y cuando falla, se le señala. Rara vez se mira el entorno que lo empujó hasta ese límite. El problema no es el error humano. El problema es un sistema que depende de su cuerpo, de su mente y de su imagen, pero que prioriza la rentabilidad por sobre el cuidado. Se protege la marca, el calendario y el resultado. No siempre a la persona.

Este capítulo nace de esa incomodidad. No busca absolver ni condenar. Busca entender. Comprender cómo se construye al futbolista como símbolo, qué se le exige y qué se pierde cuando deja de ser humano para convertirse en activo.

Antes de hablar de dinero, delitos o estructuras opacas, hay que detenerse en quien sostiene todo el edificio. Porque sin el futbolista, el fútbol tal como lo conocemos no existiría. Y cuando ese pilar se agrieta, el sistema entero queda en evidencia.

2. La fabricación del ídolo

El ídolo no nace. Se fabrica. Se publica. Se mediatiza.

Antes de ser adulto, incluso antes de comprender lo que representa, el futbolista ya es convertido en símbolo. No se trata solo de un proceso deportivo. Es cultural, económico y emocional. Y empuja al jugador hacia un lugar difícil de sostener.

La detección temprana es el primer engranaje. Niños de ocho, nueve o diez años son seleccionados por academias que funcionan como filtros de esperanza. Miles ingresan. Muy pocos continúan.

Desde ese momento, el fútbol deja de ser juego para convertirse en proyecto. Con frecuencia, ese proyecto implica separación temprana del entorno familiar. Pensiones, traslados, rutinas rígidas y un entorno hipercontrolado organizan la vida cotidiana. El niño aprende rápido que su valor está asociado al rendimiento. Jugar bien deja de ser solo placer: pasa a ser condición de pertenencia.

Entre el uno y el dos por ciento de quienes ingresan a estas estructuras llegará a primera división. El resto queda en el camino, muchas veces sin herramientas emocionales ni educativas suficientes para reconstruirse. Sin embargo, el sistema se sostiene sobre la excepción, no sobre la regla[1].

Para justificar ese sacrificio aparece la narrativa de la superación. El relato del chico humilde que lo logra se convierte en motor del mito. Es poderosa y necesaria, pero también selectiva. Visibiliza a los pocos que llegan y silencia a los muchos que quedan atrás.

En esta construcción participan clubes que moldean, medios que amplifican y sponsors que capitalizan la imagen. Todos coautores de un relato que transforma a una persona en producto simbólico. Así se consolidan relaciones parasociales: millones sienten que conocen al jugador, que saben quién es y cómo debería comportarse.

La cercanía es ilusoria, pero emocionalmente intensa. El talento deportivo se proyecta automáticamente sobre otras áreas de su vida. Si juega bien, se espera que viva bien. Este efecto halo convierte la admiración en presión moral y psicológica, sumando responsabilidades que nadie le enseñó a gestionar.

---

1   Gouttebarge, V., et al. (2021-2024). *Mental health and career transitions in professional football*. British Journal of Sports Medicine / FIFPRO Research Reports. El autor analiza cómo la bajísima tasa de éxito profesional (estimada entre el 1% y 2% por reportes de la ECA y Premier League) genera una carga de estrés crónico y falta de preparación para la vida post-académica en el 98% restante.

Antes de los veinte años, muchos jugadores cargan con una identidad que no eligieron del todo. Ídolos precoces, admirados y celebrados, pero también vigilados y exigidos.

La fabricación del ídolo es eficiente. Y es frágil. Cuando esa estructura se resquebraja, las consecuencias rara vez son solo deportivas. Aparecen el desgaste personal, el deterioro emocional y, en ocasiones, escándalos que iluminan las grietas del sistema.

3. La burbuja de privilegio

Ser futbolista de élite es un privilegio que pocos alcanzan. Pero ese privilegio no es solo un beneficio. Es también una jaula invisible.

Desde jóvenes, los jugadores viven bajo rutinas cerradas. Entrenamientos cronometrados, dietas controladas, traslados programados y tiempo libre medido. La educación académica o extracurricular queda relegada. Muchas veces se abandona por completo. Lo que se gana en habilidades futbolísticas se pierde en experiencia vital y autonomía.

La protección excesiva, que debería ser cuidado, termina aislando al jugador del mundo real. Los problemas cotidianos, las relaciones no mediadas y los desafíos normales de la adolescencia se vuelven ajenos. Aprende a vivir en un microcosmos donde la norma es rendir y la desviación se penaliza, incluso emocionalmente.

A esta presión se suma la exigencia constante de resultados. No basta con cumplir. Se espera destacar.

El desgaste psicológico aparece temprano. Estudios sobre juveniles en academias profesionales muestran niveles significativos de burnout: ansiedad, fatiga emocional, pérdida de motivación y síntomas depresivos. La paradoja del éxito precoz es clara. Alcanzar la élite demasiado pronto expone al jugador a un estrés que, si no se gestiona, puede ser devastador para su desarrollo personal.

No todos quedan atrapados en esta burbuja. Algunos resisten gracias a factores protectores. Una educación paralela sólida. Un entorno familiar que prioriza el bienestar. Mentores que enseñan manejo emocional. Clubes que incorporan programas de salud mental.

Estos contrapesos permiten que la persona sobreviva al mito e incluso transforme su privilegio en plataforma de impacto positivo.

La burbuja de privilegio es, así, doble. Eleva y envuelve, pero también separa y condiciona. Entender esta dinámica es clave para comprender por qué los errores de los ídolos no surgen de la nada. Nacen de un sistema que exige perfección y castiga la vulnerabilidad.

4. Ídolos y responsabilidad: cuando la admiración se convierte en inmunidad

El futbolista es la cara visible de un sistema complejo. La etiqueta de ídolo genera admiración, pero también la sensación de que ciertas reglas no siempre se aplican de la misma manera. Esto no implica culpabilidad automática del jugador. El verdadero riesgo está en la estructura que lo rodea.

Contadores, asesores, representantes y gestores legales toman decisiones estratégicas sobre contratos, impuestos, patrocinios y transferencias. Su objetivo no es delinquir, sino optimizar resultados. Sin transparencia ni control, ese poder puede generar vulnerabilidades.

Cuando la prensa informa sobre sanciones fiscales o polémicas contractuales, rara vez se trata de actos maliciosos del jugador. Son, más bien, síntomas de un ecosistema donde la carrera se gestiona como un proyecto empresarial global. El jugador es el rostro visible, no siempre el arquitecto de las decisiones.

Cada error se amplifica bajo el foco mediático. La opinión pública juzga sin distinguir entre intención individual y falla estructural.

La presión tampoco proviene solo del entorno profesional. La adoración de millones genera una expectativa permanente de perfección. Fallar se magnifica. Acertar se naturaliza.

Existen contraejemplos. Jugadores que gestionan su carrera con transparencia y eligen entornos éticos demuestran que la responsabilidad puede compartirse. La clave está en el equilibrio. La carrera de un futbolista depende tanto de su juicio personal como de la confiabilidad de quienes lo rodean.

La pregunta es inevitable. ¿Hasta dónde llega la responsabilidad individual y dónde empieza la del sistema?

Responderla es esencial para no simplificar lo que ocurre detrás de la fama. El ídolo funciona como espejo. Refleja la excelencia humana, pero también las fragilidades del sistema que lo eleva y lo expone.

5. El potencial transformador del futbolista: cuando el ídolo sí cambia realidades

El futbolista no es solo un riesgo ni un síntoma de un sistema que presiona y expone. También posee un poder extraordinario: la capacidad de transformar vidas. La fama y la admiración que generan millones de personas no son solo un espejo; pueden convertirse en una palanca de cambio social, un vehículo para actuar donde las instituciones suelen llegar tarde.

Marcus Rashford lo demostró en Inglaterra: visibilizó la pobreza infantil y logró reformas en el sistema de alimentación escolar, beneficiando a más de 1,7 millones de niños. Su influencia no surgió de un cargo político, sino de la confianza que millones depositan en su figura. Cada tuit, cada aparición pública, se convirtió en una herramienta de presión social que obligó a actores estatales a responder[2].

Didier Drogba, por su parte, logró un alto al fuego en Costa de Marfil, mediando en un conflicto armado donde la diplomacia formal había fracasado. Su prestigio como ídolo nacional abrió un espacio de negociación imposible para otros actores.

Estos casos muestran un patrón: el potencial transformador del futbolista depende del contexto que lo rodea. La visibilidad individual no basta; se necesita un marco institucional que canalice esa influencia hacia resultados concretos. Programas como **Line Up Live Up** han evidenciado mejoras de 29 a 37% en habilidades protectoras, autocontrol y resiliencia en jóvenes vulnerables. La acción organizada supera a la iniciativa aislada del individuo[3].

El futbolista también puede catalizar cambios culturales y sociales. Campañas contra el racismo, la violencia de género o la pobreza no solo sensibilizan a la opinión pública, sino que presionan a instituciones y clubes para mejorar políticas internas. Sin estructuras de soporte, sin embargo, la influencia queda limitada a gestos simbólicos que conmueven, pero no transforman sistemas.

Cuando talento, visibilidad y soporte institucional se combinan, se genera un efecto multiplicador: la admiración se convierte en acción, la idolatría en aprendizaje social.

El futbolista puede ser motor de progreso, pero solo si su poder se integra a marcos éticos, educativos y sociales que aseguren un impacto duradero. Esto incluye políticas de bienestar, educación paralela, formación ética y acompañamiento psicológico.

---

2   The Food Foundation. (2021). *Impact Report: Child Food Poverty Task Force*. Informe sobre la reforma del sistema de ayudas escolares en el Reino Unido y el alcance de los 1,7 millones de beneficiarios tras la campaña de Rashford.

3   «Line Up Live Up Programme: Pilot Evaluations (UNODC, 2020), pp. 28–35. Mejoras del 29% al 37% en competencias protectoras (coping, autocontrol, resiliencia) en jóvenes vulnerables participantes en sesiones estructuradas».

En definitiva, el futbolista no es solo un espectáculo; es un agente de transformación social. Refleja aspiraciones y valores de la sociedad y, al mismo tiempo, puede intervenir para corregir desigualdades y generar oportunidades donde el sistema formal falla.

El desafío es claro: convertir el símbolo en acción concreta y sostenible.

6. La era digital y la presión total: el ídolo sin descanso

Hoy, el futbolista vive en un estadio que no tiene paredes ni horarios: la era digital lo expone las 24 horas, los 7 días de la semana. Cada pase, cada gesto, cada error o acierto se observa, se evalúa y se viraliza en tiempo real.

Los fans sienten que lo conocen, aunque nunca hayan compartido un entrenamiento o un vestuario. Esta ilusión de cercanía genera relaciones parasociales: vínculos unilaterales donde millones proyectan expectativas, emociones y juicios sobre el jugador, como si fuera responsable de cumplir sueños colectivos.

La presión ya no proviene solo del club, la familia o los entrenadores: proviene del mundo entero conectado a un teléfono o una pantalla. Likes, comentarios, seguidores, métricas de popularidad y la posibilidad de cancelación digital ejercen un control silencioso sobre la conducta y el estado de ánimo del jugador.

El impacto psicológico es real: según una encuesta realizada por la *Professional Footballers' Association* en Reino Unido durante la temporada 2023/24 (PFA UK Survey 2023/24)[4], el 68 % de los futbolistas teme que una lesión pueda afectar a su salud mental y su carrera; el miedo no es físico, sino anticipato-

---

4   PFA UK Survey 2023/24, encuesta realizada por la Professional Footballers' Association, Reino Unido.

rio, asociado a la pérdida del capital más preciado: su cuerpo y su visibilidad

El calendario profesional no ofrece respiro. Muchos jugadores tienen menos de 28 días de descanso anual entre temporadas y pretemporadas, según el **FIFPRO Player Workload Monitoring Report 2024/25**, un informe anual elaborado por FIFPRO (Federación Internacional de Futbolistas Profesionales), que representa a más de 65.000 jugadores en todo el mundo.

La ausencia de desconexión erosiona las defensas psicológicas y hace que el agotamiento sea también mental. Dopaje, apuestas, fraudes fiscales o conductas impulsivas no siempre reflejan carácter débil; muchas veces son síntomas de un sistema que exprime sin dar tiempo de recuperación.

La vigilancia digital añade riesgos emergentes: ciberacoso, *deepfakes* y manipulación de imágenes y mensajes. La presión se amplifica cuando las redes actúan como tribunales instantáneos, juzgando sin contexto ni apelación.

La era digital redefine la responsabilidad del sistema. Clubs, agentes, federaciones y sponsors deben reconocer que cada jugador vive bajo un escrutinio permanente. La presión total no es exageración mediática: es un fenómeno estructural que afecta salud mental y capacidad de tomar decisiones seguras dentro y fuera del campo.

El mensaje es claro: sin mecanismos de soporte, la vulnerabilidad del futbolista no es un fallo individual. Es reflejo de un diseño de mercado que prioriza resultados, visibilidad y lucro sobre bienestar y sostenibilidad. La tecnología multiplica la audiencia y la admiración, pero también el riesgo.

El desafío contemporáneo es equilibrar ese poder: aprovechar la influencia del ídolo sin convertir su vida en un campo minado digital.

Métricas de la fragilidad:
El impacto de la presión total sobre el futbolista

La Era Digital y la Presión Total
El ídolo sin descanso

1. EL ESTADIO SIN PAREDES

El jugador ya no solo rinde en la cancha.
Vive en una exposición digital permanente.
Cada pase, error o gesto se observa, se evalúa
y se viraliza en tiempo real.

2. RELACIONES PARASOCIALES

Los fans sienten que lo conocen sin haber compartido un vestuario.
Se construye una ilusión de cercanía donde millones proyectan
expectativas, emociones y juicios sobre una sola persona.

3. LA PRESIÓN GLOBAL

Ya no es solo el entrenador o la familia.
La presión proviene del mundo entero conectado a una pantalla.
• Likes y comentarios influyen en su estado de ánimo.
• Métricas transforman rendimiento en popularidad cuantificable.
• **Cancelación digital:** el error se juzga sin contexto ni apelación.

4. EL MIEDO INVISIBLE

Dato clave — PFA UK Survey 2023/24

68% Teme que una lesión afecte
su salud mental y su carrera.
No es solo miedo al dolor físico.
Es miedo a perder su capital más valioso: su cuerpo y su visibilidad profesional.

5. EL CICLO DEL AGOTAMIENTO

Dato clave — FIFPRO Player Workload Monitoring Report 2024/25
Menos de 28 días de descanso anual.
Sin tiempo real de desconexión, el desgaste físico se convierte
en erosión mental.

**Presión constante + descanso insuficiente =
mayor riesgo** de conductas problemáticas

Figura 1.1. El de la presión total en el fútbol de élite: una radiografía de la vulnerabilidad estructural. Fuente: Elaboración propia basada en el análisis de las relaciones parasociales y los datos de carga de trabajo de FIFPRO y PFA.

7. Del ídolo al sistema: el futbolista como síntoma, no como origen

Hasta aquí hemos recorrido el viaje del futbolista: de niño detectado por su talento a ídolo global, expuesto a presión constante y capaz de generar cambios reales cuando recibe soporte institucional. Pero todas estas historias apuntan más allá: al sistema que lo rodea.

El **futbolista no causa los problemas del fútbol moderno**; es su rostro visible. Su vulnerabilidad, su desgaste y hasta sus errores son síntomas de un diseño extractivista: un ecosistema que extrae rendimiento, visibilidad y capital de la persona mientras delega responsabilidades en asesores, entrenadores y estructuras legales.

Cada caída mediática o polémica revela las grietas de un sistema que protege la marca antes que al individuo.

El sistema prioriza rendimiento y lucro sobre bienestar. Calendarios saturados, exposición digital permanente y presión constante no son casualidad: miden al jugador en goles, seguidores y contratos, no en salud mental ni equilibrio personal.

La industria crea héroes, pero también los expone al riesgo; luego observa cómo las fallas individuales se interpretan como escándalos, cuando en realidad son señales de disfunción estructural.

La responsabilidad es compartida. No se trata de absolver ni condenar a los jugadores: sus decisiones éticas conviven con un entorno que facilita atajos, manipula información y recompensa la eficiencia por encima de la seguridad personal. La figura del ídolo **amplifica la visibilidad de estas tensiones**, pero no las origina.

El futbolista es espejo y alerta: refleja tanto las virtudes de la élite como las debilidades del sistema que lo sostiene. *Entender esto no detiene el espectáculo. Pero permite empezar a preguntarnos a qué costo continúa.*

CAPÍTULO II

LAVADO DE ACTIVOS A TRAVÉS DEL FÚTBOL

Introducción. Cuando el balón también limpia

El fútbol mueve multitudes, emociones y pertenencias. Pero también mueve dinero. Mucho dinero. En la última década, el deporte se ha consolidado como una de las industrias culturales más potentes del mundo, con un volumen económico comparable al de sectores estratégicos de la economía global. Este crecimiento acelerado no solo transformó al fútbol en un espectáculo planetario, sino también en un espacio especialmente atractivo para la circulación de grandes flujos financieros.

En este contexto, la pasión convive con estructuras poco transparentes que facilitan que capitales de origen ilícito encuentren refugio bajo la apariencia legítima del espectáculo. Mientras el aficionado sigue el resultado del fin de semana, otros observan balances, transferencias, patrocinios y entramados societarios. Donde unos ven camisetas nuevas y contratos récord, otros identifican procesos de integración financiera. El balón no solo rueda en el campo; también puede ser parte de un mecanismo de legitimación económica.

En octubre de 2025, Transparency International UK, la delegación británica de la mayor organización mundial dedicada a combatir la corrupción, publicó un informe revelador sobre las finanzas del fútbol[5]. Los expertos señalaron la existencia de un «*intelligence gap*» o punto ciego informativo: las autoridades a menudo saben cuánto dinero entra a un club, pero no logran rastrear quién está detrás del pago ni de dónde proviene ese capital.

Esta falta de comunicación entre bancos, federaciones deportivas y fuerzas de seguridad es aprovechada por el crimen organizado para mover fondos con eficacia. No se trata de un error ocasional, sino de un problema que surge de leyes que no encajan entre sí y de la costumbre histórica de no vigilar a los clubes con el mismo nivel de escrutinio que a otras entidades financieras. Surge de intereses diferentes, a menudo contrapuestos, en la regulación. Surge bajo el manto de la autorregulación del deporte y se nutre de impunidad.

El fútbol resulta atractivo no a pesar de su carga emocional, sino precisamente por ella. La emoción colectiva funciona como un filtro social frente a una pregunta incómoda pero central: ¿de dónde proviene realmente el dinero que circula por el juego? La identificación con los colores, la historia del club y el relato del éxito deportivo dificultan que se cuestione el origen de los fondos. Y permite señalar y alienar a quien se atreva a cuestionarlo.

Este análisis no pretende señalar al fútbol como una actividad intrínsecamente delictiva, sino identificar sus vulnerabilidades. El objetivo es comprender cómo la falta de transparencia, el enorme volumen de dinero que circula y el prestigio social asociado al deporte se combinan para convertirlo en un espacio funcional para el lavado de activos.

No se trata de episodios aislados ni de simples errores de gestión, sino de un patrón que se repite: un entorno que, por su propia configuración, ofrece al crimen organizado condiciones para ocultar capitales bajo la apariencia de éxito deportivo.

---

5   Transparency International UK, *Safeguarding football from illicit finance: Addressing the intelligence gap in sports governance*, 15 de octubre de 2025.

El riesgo no reside solo en quién entra al club, sino en un sistema que permite que el dinero circule sin dejar huellas claras. Explorar esa lógica, seguir el rastro de los flujos invisibles y entender por qué el fútbol resulta tan atractivo para el delito financiero es el punto de partida de este capítulo.

1. La elección racional: ¿por qué el fútbol?

El acercamiento del crimen organizado al fútbol no responde a una afinidad deportiva, sino a una decisión racional. Para una organización que necesita introducir capitales ilícitos en la economía legal, el fútbol ofrece un conjunto de ventajas que difícilmente se replican en sectores como el inmobiliario o el mercado de valores.

En primer lugar, el mercado futbolístico se caracteriza por una fuerte subjetividad en la determinación de los valores. A diferencia de una tonelada de soja o de una acción que cotiza en bolsa, el precio de un futbolista no se encuentra fijado por un parámetro objetivo y verificable.

En la práctica, un jugador vale lo que dos clubes acuerdan pagar por él. Esta ausencia de referencias claras crea una zona de ambigüedad que permite inflar operaciones y desplazar grandes sumas de dinero bajo una apariencia de legalidad difícil de impugnar desde el punto de vista contable o administrativo.

A esta característica se suma la debilidad de los controles en el acceso al sistema. En muchos países, los requisitos para adquirir un club de fútbol resultan menos exigentes que los necesarios para operar una entidad financiera de pequeña escala. Esta asimetría regulatoria facilita que capitales de origen poco claro ingresen al ecosistema deportivo sin un análisis exhaustivo sobre la procedencia de los fondos. El club funciona, así, como una puerta de entrada al circuito económico formal, con mecanismos de supervisión limitados en la etapa inicial.

Finalmente, el fútbol ofrece un elemento diferencial que otros mercados no pueden replicar: la legitimidad social inmediata. Quien llega con dinero y promesas deportivas suele ser percibido como un benefactor antes que como un actor económico sujeto a escrutinio. La urgencia por ganar, reforzada por la presión de la hinchada y los resultados en la cancha, actúa como un anestésico colectivo. Mientras el equipo compita y obtenga éxitos, la pregunta sobre el origen o el circuito del dinero pierde centralidad.

La combinación de estos factores convierte al fútbol en un entorno especialmente permeable, donde grandes flujos de capital pueden circular con menor resistencia que en otros sectores de la economía formal. Donde estos flujos de capital pueden darse localmente, nacionalmente o internacionalmente, abriendo un enorme mercado. Donde los aficionados abuchearán a quién le quite a su mejor jugador, mas corearán el nombre de quien les traiga a otro más caro y aparentemente más dotado.

Un ámbito en el que, muy a menudo, las autoridades miran a otro lado. O no quieren mirar. Se escudan en la prohibición de injerencia y en la existencia de regulaciones internas de las Federaciones y Ligas. O un sector que, cuando entran a examinar, y quieren intervenir, no siempre logran hacerlo con la profundidad y exhaustividad necesarias.

2. ¿Por qué otros deportes no?

Todos los deportes de élite movilizan grandes volúmenes de capital. Sin embargo, no todos ofrecen las mismas condiciones para la integración de fondos de origen ilícito. La excepcionalidad del fútbol no radica únicamente en cuánto dinero circula, sino en lo que otros deportes sí poseen y el fútbol, estructuralmente, no.

Ligas como la National Football League (NFL) o la National Basketball Association (NBA) operan bajo modelos cerrados, con un número limitado de franquicias, reglas financieras uniformes y autoridades centrales con capacidad real de auditoría y sanción. El acceso a estas ligas está estrictamente controlado: la compra de un equipo implica procesos de *due diligence* exhaustivos, análisis patrimoniales de los inversores y un seguimiento continuo de las finanzas internas. En este tipo de estructuras, el margen para introducir capitales ilícitos es reducido, no por la ausencia de intentos, sino por la fortaleza de los controles.

La Fórmula 1 ofrece otro modelo de contraste. Aunque no se trata de una liga tradicional, su ecosistema económico está fuertemente centralizado y regulado. Los equipos compiten bajo un sistema de licencias, presupuestos auditados y límites de gasto supervisados por una autoridad técnica con capacidad sancionatoria efectiva. Los patrocinadores y los flujos comerciales se encuentran sometidos a controles financieros estrictos, reforzados por la participación de grandes corporaciones con estándares elevados de *compliance*. En este contexto, el dinero no solo debe existir, sino también ser justificable y rastreable.

El fútbol, en cambio, funciona bajo una lógica radicalmente distinta. Su gobernanza es descentralizada, fragmentada y atravesada por múltiples jurisdicciones – la deportiva y las nacionales, para empezar. Miles de clubes, cientos de federaciones nacionales y varias confederaciones continentales conviven bajo un paraguas global que carece de una autoridad financiera única con poder efectivo de control.

Esta atomización crea espacios de baja supervisión donde los estándares varían de un país a otro y habilitan el arbitraje regulatorio: el capital ingresa por los eslabones más débiles del sistema y luego se proyecta hacia ligas más visibles y prestigiosas.

A esta diferencia estructural se suma la naturaleza del mercado futbolístico, basado en bienes heterogéneos y de valoración subjetiva (como se detalló en la sección anterior). Mientras que en otros deportes los contratos están estandarizados y los salarios son públicos, en el fútbol el valor de un jugador es esencialmente especulativo. Esta elasticidad dificulta demostrar técnicamente un sobreprecio con fines ilícitos.

La estructura de los derechos de imagen profundiza esta opacidad. A diferencia de deportes donde la retribución se concentra en el salario, el fútbol permite fragmentar los ingresos a través de sociedades interpuestas, muchas veces radicadas en jurisdicciones offshore. O mediante el empleo de fundaciones y asociaciones, con regímenes jurídicos distintos. El resultado es un rastro financiero fragmentado, discontinuo, difícil de reconstruir y prácticamente inexistente en ligas con contratos centralizados.

Esta combinación de factores se vuelve especialmente funcional en las categorías inferiores del sistema. El fútbol es el único deporte con una estructura piramidal tan profunda, donde clubes de bajo perfil mediático operan con recursos limitados y controles laxos. Investigaciones periodísticas y judiciales han señalado, por ejemplo, operaciones sospechosas en clubes de divisiones menores de Portugal, utilizados como plataformas de inversión por intermediarios vinculados a redes internacionales de representación. Situaciones similares han sido observadas en ligas de Europa del Este, como Bulgaria o Rumania, donde la compra de clubes de segunda o tercera categoría ha servido como puerta de entrada para capitales cuyo origen no siempre resulta claro.

En América Latina, casos en categorías de ascenso en Argentina, Uruguay y Paraguay han despertado alertas por transferencias infladas, préstamos entre clubes sin justificación económica y la presencia de inversores informales sin actividad comercial conocida.

Estos espacios funcionan como verdaderos 'laboratorios' financieros: lejos del foco mediático, permiten legitimar capitales antes de su salto a ligas de mayor exposición.

Por todo ello, el fútbol se configura como un mercado de baja resistencia. No porque sea intrínsecamente corrupto, sino porque carece de los mecanismos de cierre, auditoría centralizada y trazabilidad financiera que otros deportes de élite han incorporado como condición de supervivencia económica y reputacional.

3. El ciclo de lavado de activos en el fútbol

El lavado de activos a través del fútbol no es un acto improvisado ni oportunista, sino el resultado de una arquitectura financiera meticulosa. El análisis de casos investigados por fiscalías internacionales en los últimos años permite identificar un patrón recurrente.

Este patrón puede definirse como un verdadero ciclo de lavado de activos, compuesto por fases interdependientes que transforman capitales ilícitos en dinero formal y prestigio social.

La primera etapa del ciclo es la infiltración, equivalente a la fase de colocación en los esquemas clásicos de lavado de activos. El ingreso al sistema suele producirse a través de clubes pequeños o medianos, generalmente ubicados en ligas periféricas o categorías inferiores. En este punto, el bajo perfil mediático no es una desventaja, sino un activo estratégico. No siempre resulta necesaria la adquisición formal de la institución: en muchos casos basta con ejercer una influencia decisiva mediante inyecciones de capital presentadas como préstamos blandos, el control indirecto de intermediarios y agencias de representación, o la firma de patrocinios con empresas de reciente creación. La laxitud regulatoria en estos niveles reduce el riesgo de detección inicial y permite establecer una verdadera cabecera de playa financiera dentro del ecosistema futbolístico.

Una vez consolidada la presencia en el sistema, comienza la fase de legitimación o estratificación. En esta etapa, el capital ilícito empieza a circular a través de una sucesión de operaciones diseñadas para borrar su origen. La subjetividad del valor deportivo funciona aquí como la coartada perfecta: transferencias infladas, en las que se paga un sobreprecio por un jugador sin correlato deportivo evidente, permiten justificar la salida de fondos hacia jurisdicciones de baja transparencia. A ello se suman contratos de derechos de imagen sobredimensionados, abonados a sociedades offshore, y préstamos entre partes vinculadas que crean circuitos de deuda ficticia entre clubes controlados por un mismo grupo.

En este punto, el talento deportivo deja de ser un fin en sí mismo y se convierte en un simple justificante contable dentro de una operación financiera más amplia.

La fase final del ciclo es la de extracción o integración. Una vez que el dinero ha circulado por el sistema y su origen se ha diluido, los fondos regresan a los beneficiarios reales bajo conceptos plenamente legales y socialmente aceptados. El capital sale del club a través del pago de salarios elevados, premios por objetivos, dividendos derivados de la explotación comercial de la marca o la reventa de jugadores a clubes de élite.

En este último caso, el dinero ya ingresa en circuitos financieros de máxima transparencia, lo que termina de consolidar su apariencia de legitimidad. La visibilidad deportiva cumple entonces su función final: valida socialmente al inversor, elimina el riesgo reputacional y transforma al delincuente en un empresario exitoso vinculado al espectáculo.

Este ciclo demuestra que el lavado de activos en el fútbol no se explica por operaciones aisladas ni por fallas puntuales de control, sino por la coherencia del proceso completo. Comprender esta lógica resulta esencial para detectar patrones, identificar señales de alerta y abandonar la visión ingenua que reduce el problema a casos excepcionales o individuales.

Figura 2.1. Representación visual del proceso de infiltración, legitimación e integración de capitales ilícitos, junto con las principales vulnerabilidades y tendencias emergentes (Actualización 2026).

Fuente: Elaboración propia basada en el análisis del capítulo y casos documentados

4. Arqueología del lavado: del maletín en el vestuario a la ingeniería trasnacional

Hemos analizado los mecanismos contemporáneos del lavado de activos en el fútbol y la lógica que los sostiene. Sin embargo, para comprender por qué este deporte se ha convertido en un vehículo tan funcional para el lavado, es necesario retroceder en el tiempo y observar cómo surgieron las primeras experiencias documentadas.

El fenómeno no nació como una arquitectura financiera sofisticada ni en entornos corporativos globales, sino como una solución práctica a un problema concreto del crimen organizado:

cómo introducir grandes volúmenes de dinero ilícito en la economía formal sin activar controles efectivos.

Los primeros antecedentes no se gestaron en oficinas de inversión ni en jurisdicciones *offshore*, sino en el fútbol sudamericano de las décadas de 1970 y 1980. Fue allí donde distintas organizaciones criminales advirtieron que el balón ofrecía algo excepcional: la posibilidad de inyectar liquidez en economías frágiles, con controles débiles y, sobre todo, bajo una legitimidad social que reducía drásticamente la sospecha institucional.

Como documenta *These Football Times* (2015), el fútbol colombiano de los años 80 fue un vehículo ideal para el lavado de activos del narcotráfico, permitiendo que el dinero ilícito circulara acompañado de éxito deportivo y legitimidad social, con Pablo Escobar invirtiendo en Atlético Nacional, Gonzalo Rodríguez Gacha en Millonarios y los hermanos Rodríguez Orejuela en América de Cali[6].

En esta etapa inicial, las maniobras eran relativamente rudimentarias, pero altamente efectivas. Se inflaban ingresos por taquilla, se pagaban salarios y primas en efectivo que no quedaban registrados formalmente y se financiaban fichajes e infraestructuras sin una trazabilidad clara de los fondos. El éxito deportivo funcionaba como escudo. Los títulos, la visibilidad internacional y la identificación popular compraban silencio institucional y adhesión social. El fútbol no solo absorbía el dinero, sino que lo convertía en poder simbólico y protección informal.

Este esquema demostró algo decisivo para el crimen organizado. El fútbol podía cumplir simultáneamente tres funciones estratégicas: integrar capitales ilícitos en la economía formal, otorgar legitimidad social inmediata y ofrecer un entorno de baja resistencia institucional. Desde esta perspectiva, el modelo colombiano fue percibido como un caso de éxito. No como una anomalía local, sino como una experiencia replicable.

---

6   https://thesefootballtimes.co/2015/05/30/pablo-escobar-narco-fútbol

A partir de los años noventa, otras organizaciones criminales comenzaron a observar el fútbol bajo esta misma lógica. Prácticas similares empezaron a aparecer en distintos países y regiones, adaptadas a contextos locales pero inspiradas en un mismo principio.

En Europa, especialmente en ligas periféricas y de menor exposición mediática, el modelo se refinó y adquirió mayor sofisticación financiera.

El punto de inflexión que permitió que estas prácticas se consolidaran a escala internacional fue la 'Sentencia Bosman', dictada en diciembre de 1995 por el Tribunal de Justicia de la Unión Europea. El fallo, originado en el reclamo del futbolista belga Jean Marc Bosman, se basó en el principio de libre circulación de trabajadores dentro de la Unión Europea y estableció dos cambios estructurales. Por un lado, reconoció la libertad de los jugadores para cambiar de club una vez vencido su contrato sin pago de indemnización. Por otro, eliminó los cupos de extranjeros comunitarios en las ligas europeas. Con ello, el futbolista pasó a ser un trabajador plenamente móvil dentro de un mercado común.

Este nuevo marco jurídico transformó el funcionamiento del fútbol profesional. El deporte dejó de operar como una suma de sistemas nacionales relativamente cerrados y pasó a funcionar como un mercado transnacional de activos humanos. A partir de entonces, el dinero asociado a transferencias, comisiones y contratos comenzó a circular entre países con una velocidad y una fragmentación inéditas. En ese contexto, el modelo ensayado de forma rudimentaria en Centroamérica y Sudamérica encontró el terreno ideal para su expansión. La combinación entre movilidad de jugadores, multiplicación de intermediarios y supervisión fragmentada permitió que el fútbol evolucionara hacia una infraestructura financiera informal capaz de mover capitales entre continentes con bajos niveles de control efectivo. Lo que había comenzado como un ensayo local se convirtió, con el tiempo, en una ingeniería transnacional de lavado cada vez más eficiente.

5. La era de la sofisticación: criptoactivos y desmaterialización financiera

En los últimos años, el **lavado de activos** a través del fútbol ha atravesado una nueva fase de sofisticación. Ya no se trata únicamente de esquemas de infiltración artesanal o de ingeniería financiera tradicional, sino de una explotación sistémica en la que el fútbol funciona como un nodo más dentro de redes globales de circulación de capitales. En este contexto, la desmaterialización del dinero ha comenzado a tensionar los límites de los sistemas clásicos de prevención, obligando a repensar los mecanismos de control.

Uno de los vectores emergentes es la tokenización vinculada al ecosistema deportivo. La aparición de *fan tokens* y otros activos digitales emitidos por clubes no implica, por sí misma, una práctica ilícita. De hecho, en numerosos casos estos instrumentos han sido utilizados legítimamente como herramientas de *engagement* con los aficionados o de financiación alternativa.

Sin embargo, su desarrollo en un marco regulatorio aún incipiente abre una zona de riesgo. Según el *Crypto Crime Report* de TRM Labs, el lavado mediante criptoactivos a nivel global alcanzó los 158 mil millones de dólares en 2025[7]. Aunque el fútbol no es el foco principal de este volumen, la compra masiva de tokens con activos de origen difícilmente rastreable puede permitir el ingreso de liquidez que, posteriormente, es convertida en moneda fiduciaria a través de operaciones fragmentadas, reduciendo la capacidad de detección de las Unidades de Información Financiera.

Un fenómeno similar se observa en el crecimiento de los cripto-patrocinios. El patrocinio deportivo ha sido históricamente un

---

7   TRM Labs. *Crypto Crime Report: Trends and illicit finance volumes in 2025*, enero de 2026. El informe destaca que el fútbol no es el foco principal delictivo, concentrándose el riesgo en la falta de regulación de activos digitales secundarios.

canal de integración de capitales, pero la incorporación de empresas vinculadas al sector cripto introduce nuevas capas de complejidad. En algunos casos documentados, compañías con estructuras societarias difusas y radicadas en jurisdicciones de baja transparencia fiscal han utilizado contratos publicitarios para transferir grandes volúmenes de fondos a clubes, bajo la cobertura de servicios de marketing cuya valoración resulta difícil de objetivar.

Esto no convierte al patrocinio cripto en un mecanismo inherentemente ilícito, pero sí lo posiciona como un espacio de riesgo elevado cuando no existen controles reforzados sobre el origen de los fondos.

A esta complejidad se suma la expansión de las sociedades de propiedad multiclub. La adquisición de varios clubes en distintas ligas y continentes responde, en muchos casos, a estrategias deportivas y comerciales legítimas, vinculadas al desarrollo de talento y a la optimización de recursos. No obstante, desde una perspectiva criminológica, estas estructuras también generan condiciones propicias para la fragmentación del rastro financiero. Los préstamos intercompañía, las transferencias internas de jugadores y los flujos cruzados de servicios permiten que el dinero circule entre entidades sujetas a marcos regulatorios diferentes, dificultando una visión integral por parte de los organismos de control.

Si en etapas anteriores el crimen organizado solía utilizar clubes deficitarios como puerta de entrada para capitales ilícitos, la evolución actual muestra una tendencia hacia la **explotación de estructuras exitosas,** con marcas consolidadas y altos niveles de transacción cotidiana. Allí, la intensidad de los movimientos financieros actúa como un camuflaje natural, permitiendo lo que la criminología sistémica define como **lavado por dilución:** un proceso donde el capital ilícito se vuelve indistinguible dentro de un flujo legítimo y constante. Estos vectores modernos se evidencian precisamente en investigaciones judiciales recientes, que revelan patrones reiterados de infiltración y lavado en el ecosistema futbolístico.

6. Crónica de las sospechas: el rastro del dinero bajo la lupa judicial

Para comprender la dimensión sistémica del lavado en el fútbol, no resulta útil concentrarse exclusivamente en sentencias firmes, que suelen llegar cuando el daño ya está consolidado. El verdadero mapa del problema se revela en las investigaciones abiertas por organismos de control, fiscalías y federaciones, allí donde el dinero de origen incierto entra en fricción con las estructuras formales del deporte. Estos expedientes, dispersos geográficamente pero conectados en su lógica, permiten observar patrones reiterados.

Un caso paradigmático es el intento de infiltración del Primer Comando da Capital (PCC) en el fútbol portugués entre 2024 y 2025. El PCC, la mayor organización criminal de Brasil, con fuerte presencia en el narcotráfico transnacional y el control de economías ilegales, comenzó a explorar clubes de la Tercera División portuguesa como plataformas de integración de capitales[8].

Según informes de *InSight Crime* y medios periodísticos, la maniobra se articulaba a través de intermediarios brasileños que ofrecían inyecciones financieras sin trazabilidad a cambio de participación en la toma de decisiones. La Federación Portuguesa de Fútbol abrió una investigación interna tras detectar propuestas incompatibles con esquemas de inversión legítimos, confirmando que el fútbol de ascenso continúa siendo la puerta de entrada preferida para capitales ilícitos sudamericanos en Europa.

En Argentina, la investigación vinculada a la plataforma Sur Finanzas expuso una lógica diferente pero complementaria. A partir de diciembre de 2025, la justicia avanzó con allanamientos en la Asociación del Fútbol Argentino y en clubes de distintas categorías, analizando un entramado de préstamos y contratos de

---

8   *InSight Crime, The PCC Plays Its Dirty Game in Portuguese Football*, 30 de noviembre de 2024. Ver también: Investigación interna de la Federación Portuguesa de Fútbol (FPF), enero de 2025.

patrocinio que habría permitido canalizar montos millonarios al margen de los controles del sistema financiero[9].

La investigación en curso busca determinar el uso de estructuras deportivas para operar como sistemas de financiamiento informal, aprovechando la complejidad administrativa del fútbol y la debilidad de los controles cruzados.

En el sudeste asiático, el lavado adopta una forma distinta pero igualmente funcional. La manipulación de partidos vinculada a las apuestas ilegales se consolidó como un canal de integración de capitales.

En Vietnam, el caso del Phu Tho FC permitió visibilizar un mecanismo distinto pero igualmente eficaz. En 2025, una investigación de integridad detectó que jugadores y miembros del cuerpo técnico habían participado deliberadamente en la manipulación de partidos de la Segunda División.

Los encuentros eran alterados para favorecer resultados previamente pactados con redes de apuestas ilegales. El dinero generado en ese mercado clandestino no ingresaba al club como una inversión directa, sino de forma fragmentada y aparentemente legal: pagos a jugadores, premios deportivos y comisiones que circulaban por el sistema formal del fútbol.

La sanción deportiva fue el descenso del club[10], pero el trasfondo del caso expuso cómo la manipulación de resultados funciona como una vía indirecta de lavado de dinero, especialmente en ligas con controles débiles y clubes económicamente frágiles.

En conjunto, estos episodios no constituyen anomalías aisladas, sino síntomas de una misma estructura. El fútbol aparece una y otra vez como un espacio donde la urgencia económica, la

---

9   Causa Federal n.º 45821/2025, «Allanamientos AFA y clubes sobre presunto lavado de activos». Referencias de prensa: Infobae y TN (9 de diciembre de 2025 y actualización del 14 de enero de 2026 sobre detección de borrado de pruebas).

10   FIFA Disciplinary Committee, *Decision on match manipulation: Phu Tho FC and affiliated officials*, 2 de mayo de 2025.

fragmentación regulatoria y el valor simbólico del deporte crean el entorno ideal para que el dinero ilícito circule, se diluya y, finalmente, se normalice.

7. Controles, reformas y el camino hacia la salud del fútbol

El recorrido de investigaciones, alertas y causas abiertas muestra que el fútbol atraviesa una crisis estructural, pero también un momento de inflexión. El sistema ya no puede alegar ignorancia. El reconocimiento del problema ha dado paso a una respuesta institucional progresiva, que busca transformar un ecosistema históricamente opaco en uno sometido a reglas comparables a las del sistema financiero formal.

Las reformas recientes indican un cambio de paradigma: la salud del fútbol ya no se mide únicamente en resultados deportivos, sino en la trazabilidad y legitimidad de sus flujos económicos. La integridad comienza a consolidarse como un criterio central de gobernanza.

Los avances más relevantes se concentran en cuatro frentes complementarios.

En primer lugar, la evolución del Fair Play Financiero impulsado por la UEFA. Este mecanismo ha dejado de ser un simple control de deuda para incorporar la identificación de beneficiarios finales, reduciendo el uso de estructuras societarias sin rostro y limitando la operatoria de préstamos simulados entre partes vinculadas.

En segundo término, la puesta en funcionamiento de la Cámara de Compensación de la FIFA ha introducido un cambio técnico clave. Al centralizar los pagos vinculados a derechos de formación y solidaridad, se fortalece la trazabilidad del dinero y se reduce la posibilidad de desvíos hacia intermediarios no registrados o cuentas puente.

Un tercer eje decisivo ha sido la incorporación del fútbol al régimen de prevención de lavado de activos. La adopción de las recomendaciones del **GAFI** (Grupo de Acción Financiera Internacional), organismo que fija los estándares globales contra la criminalidad financiera, ha transformado el escenario regulatorio.

Al equiparar a clubes y agentes con sujetos obligados, se les imponen deberes de debida diligencia, reporte de operaciones sospechosas y cumplimiento normativo (*compliance*), alineando definitivamente la industria del deporte con los estándares financieros internacionales.

Finalmente, la cooperación internacional y el uso de tecnologías de supervisión regulatoria han comenzado a erosionar el tradicional blindaje del «secreto deportivo». El cruce automatizado de datos financieros, registros de transferencias, listas de sanciones y personas expuestas políticamente ha convertido al fútbol en un espacio cada vez menos hospitalario para el dinero ilícito.

La historia del vínculo entre criminalidad y fútbol revela un patrón constante de adaptación. Lo que comenzó como una forma rudimentaria de absorción de efectivo en ligas locales terminó transformándose en una ingeniería transnacional basada en activos digitales, estructuras multiclub y mercados desregulados.

Sin embargo, el sistema ya no es el mismo. La transparencia dejó de ser una opción reputacional para convertirse en una condición de supervivencia.

En un escenario globalizado, el mayor activo del fútbol no es su capacidad de generar ingresos, sino su credibilidad sistémica.

Preservarla no es solo una cuestión legal o económica: es la única forma de garantizar que el juego siga siendo un espacio de sentido colectivo y no una infraestructura más al servicio del delito organizado.

CAPÍTULO III

BARRABRAVAS: VIOLENCIA Y PODER EN LAS GRADAS

El fútbol profesional se presenta como una industria global, regulada por federaciones, clubes y organismos de control que administran un espectáculo de enorme valor económico y simbólico.

Sin embargo, cuando se observa su funcionamiento real, lejos del relato oficial, aparece una estructura paralela que no figura en los organigramas y resulta decisiva para la estabilidad del sistema. «Barrabravas, ultras, hooligans, torcidas, porras».

Estos grupos no son un desvío del fútbol moderno. Son una solución informal que el propio sistema fue construyendo para gestionar la violencia, ordenar el territorio y garantizar la continuidad del negocio.

No operan en los márgenes, sino en una zona de tolerancia activa, donde el poder formal delega funciones que no puede, no quiere o no sabe ejercer.

No buscan destruir el fútbol. Dependen de su prosperidad. Se apropian de la identidad del club, administran la pasión colectiva y transforman la lealtad del hincha en un recurso estratégico.

Su fortaleza no reside solo en la intimidación, sino en su capacidad para presentarse como representantes legítimos de «la gente», lo que les permite blindarse frente a la intervención del Estado y de las propias instituciones deportivas.

El fenómeno no es exclusivo de un país. Adopta distintos nombres según la geografía, pero responde a una misma lógica:

la captura de beneficios mediante la administración del miedo y el control del espacio social. No se trata de aficionados radicalizados, sino de gestores de un orden informal que el fútbol profesional aprendió a tolerar y, en muchos casos, a utilizar.

Esta realidad fue expresada con crudeza por Rafael Di Zeo, histórico líder de La Doce, la barrabrava del Club Atlético Boca Juniors. Su afirmación no es una provocación, sino una declaración de principios de una estructura que se reconoce a sí misma como parte del negocio:

«El fútbol es un negocio de donde viven jugadores, dirigentes, representantes y periodistas. Y a nosotros, que aportamos al espectáculo, también nos corresponde una parte».

Cuando un actor se reconoce públicamente como socio del sistema, el fenómeno deja de ser clandestino. Se vuelve estructural. Deja de ser un exceso para convertirse en diseño.

Nada de esto apareció de un día para otro.

Lo que sigue reconstruye cómo se construyó esta relación, para qué le sirvió al fútbol y qué problemas generó.

1. De la pasión a la organización criminal

El término *hincha* nació de una entrega absoluta, de una generosidad que hoy parece de otro siglo. A comienzos del siglo XX, en el Club Nacional de Football de Uruguay, Prudencio Miguel Reyes inflaba los balones con un entusiasmo tan desbordante que terminó bautizando una forma de vivir el juego. No pedía nada a cambio. Algo similar ocurrió en 1925 con el argentino Victoriano 'Toto' Caffarena, quien vendió sus pertenencias para financiar la gira europea de Boca Juniors. Durante ese viaje no fue un espectador: ofició de masajista, utilero y delegado. Su compromiso fue tal que los propios jugadores lo llamaron «el jugador número doce», como reconocimiento al sacrificio personal puesto al servicio del club.

No es un detalle menor que «La Doce», un nombre nacido para honrar ese desprendimiento, identifique hoy a una de las estructuras de poder más consolidadas del fútbol sudamericano.

Aquella entrega personal, pensada como un acto excepcional, fue con el tiempo apropiada y organizada hasta transformarse en un capital colectivo en manos de otros

Este desplazamiento no fue accidental ni romántico. Respondió a una evolución que se repitió en distintos países bajo una misma lógica de control. En Europa adoptó otros nombres, pero conservó el mismo patrón. En la Inglaterra de los años setenta emergieron los Hooligans, organizados en *'firms'*, que impusieron una dinámica de guerrilla urbana alrededor de los estadios.

En Italia y España aparecieron los Ultras, que tomaron elementos de la militancia política para construir jerarquías rígidas, lealtades incondicionales y una identidad que pronto descubrió su utilidad más allá del aliento.

La respuesta estatal ante la crisis del fútbol británico fue dispar pero profunda. El Reino Unido optó por una intervención estructural tras dos tragedias que marcaron un antes y un después: **Heysel (1985)**, donde el enfrentamiento provocado por hooligans ingleses derivó en la muerte de 39 personas y la exclusión de los clubes ingleses de las competiciones europeas y **Hillsborough (1989)**, donde 97 aficionados fallecieron por un aplastamiento provocado por el hacinamiento y una gestión policial deficiente.

Fue precisamente a partir de este último desastre que surgió el Informe Taylor, el cual representa el punto de inflexión más importante en la historia de la seguridad deportiva. Publicado en 1990 por el juez Lord Taylor of Gosforth, este documento no se limitó a analizar el incidente de Hillsborough de forma aislada, sino que realizó un diagnóstico sistémico sobre el estado de los estadios y el trato al espectador en Inglaterra.

Su tesis principal era que la violencia y las tragedias no eran solo culpa de los hooligans, sino de infraestructuras obsoletas y una cultura de seguridad que trataba a los aficionados como ganado[11].

El Informe Taylor no se limitó a sancionar conductas individuales: modificó el ecosistema. Al eliminar las tribunas de pie, registrar a cada espectador y trasladar la responsabilidad legal y financiera a los clubes, el anonimato dejó de ser funcional[12].

La violencia no desapareció por un cambio moral repentino en la sociedad, sino porque se volvió económicamente inviable y operativamente costosa para los infractores. Inglaterra no pretendió corregir la naturaleza humana; simplemente rediseñó las reglas del sistema.

Este proceso puede leerse en tres etapas. Primero, una fase identitaria, donde el eje es el aguante y la defensa del territorio simbólico. Luego, una fase de instrumentalización, cuando el poder político y sindical descubre que estos grupos pueden operar como fuerzas de choque eficientes.

En ese punto, dejan de ser solo un problema de seguridad y pasan a convertirse en herramientas. La etapa final es la de autonomía criminal. Aquí el fútbol deja de ser un fin y se transforma en una plataforma.

Las organizaciones ya no dependen de los dirigentes: los condicionan. Administran economías paralelas basadas en el control territorial, la reventa y múltiples actividades ilícitas.

En este punto, la pasión deja de ser una explicación válida. Lo que permanece es una estructura que gestiona violencia, recursos y poder dentro de un sistema que aprendió a convivir con ella.

---

11   Taylor, Lord Justice. (1990). *The Hillsborough Stadium Disaster: Final Report*. London: HMSO. Informe definitivo que estableció las recomendaciones para transformar la seguridad en el fútbol británico tras la muerte de 97 personas

12   Greenfield, S. y Osborn, G. (2001). *Regulating Football: Commodification, Consumption and the Law*. Pluto Press. Explica cómo las reformas derivadas de Taylor permitieron que el fútbol pasara de ser un foco de conflicto a una industria de entretenimiento altamente regulada y rentable.

2. El negocio del miedo: la gestión de la violencia

La monetización de las organizaciones violentas no apareció de un día para otro. Fue una construcción lenta, un aprendizaje práctico que transformó el pedido informal de dinero en un holding de negocios.

Para entender cómo se llega a un restaurante de lujo en una zona portuaria exclusiva, primero hay que observar cómo se diseñaron sus mecanismos de recaudación.

En la etapa inicial, la de **subsistencia**, el financiamiento era rudimentario. El ingreso surgía de la solicitud directa de dinero en las gradas para financiar la logística del grupo. A eso se sumaba una relación de dependencia con la dirigencia, que entregaba boletos de cortesía a cambio de silencio político. No cuestionar, no protestar, no desestabilizar.

Era una economía frágil, sostenida por la lealtad y la necesidad de pertenencia.

Con el tiempo llegó la **fase de servicios**. La organización entendió algo esencial: el estadio no es solo un espectáculo, es un territorio.

Apareció la reventa sistemática, el cobro por el estacionamiento en la vía pública y el manejo discrecional de los accesos. El aficionado dejó de colaborar y empezó a pagar.

La violencia ya no pedía ayuda; cobraba por el derecho a circular y permanecer.

El salto decisivo ocurrió con la **diversificación criminal**, cuando la estructura de la grada se convirtió en el socio ideal del narcotráfico. Estas organizaciones ofrecieron lo que cualquier mercado ilegal necesita: control territorial, logística y capacidad de intimidación.

En diversos países de América Latina, pasaron a funcionar como redes de seguridad y distribución para el tráfico minorista, cobrando peajes o participando directamente en el comercio de sustancias. Esté patrón se repite en Europa con una precisión asombrosa.

En **Italia**, investigaciones judiciales han demostraron que los grupos ultras de equipos como la Juventus, el Inter y el AC Milan fueron infiltrados por organizaciones criminales como la **'Ndrangheta** y la **Camorra**. Estos grupos utilizan el control de la grada como una fachada para gestionar negocios millonarios: desde el tráfico de drogas hasta la reventa de entradas a gran escala[13].

En los **Balcanes**, la mutación fue todavía más profunda y violenta. Diversas facciones de aficionados se transformaron directamente en estructuras paramilitares que participaron en guerras y hoy mantienen el control de las rutas de tráfico de armas y estupefacientes en la región[14].

Cambian los nombres y los idiomas, pero la lógica es idéntica: el fútbol es la pantalla, pero el objetivo es la rentabilidad del delito. Hoy el modelo ha alcanzado su fase más sofisticada: la **empresarial**. La organización ya no puede vivir solo del dinero en efectivo ni del anonimato; necesita blanquear, diversificar y proteger sus excedentes.

El caso del restaurante **'Jugador Número 12'** lo sintetiza con claridad. Boca Juniors es una marca global, pero su barra también lo es. La organización capitalizó décadas de visibilidad y control simbólico de la tribuna para transformar su nombre en un activo comercial. El restaurante no es gestionado directamente por la barra en su faz operativa: la marca es alquilada a un grupo empresario especializado en gastronomía. Mientras tanto, los titulares legales del nombre (Rafael Di Zeo, histórico jefe de la organización, y su pareja) perciben ingresos directos por su explotación.

13　　Mafia y Fútbol (Italia): Operación judicial 'Last Banner' y detenciones de la Dirección Antimafia (DIA) en Milán (2024). Vínculos probados entre jefes de hinchadas y clanes de narcotráfico

14　　Paramilitares (Balcanes): Caso de los 'Tigres de Arkan' y el Estrella Roja. Informes del Tribunal Internacional de La Haya sobre la transformación de hinchas en milicias armadas.

Aquí el liderazgo deja de ser solo territorial y pasa a ser patrimonial.

El jefe ya no impone solo desde la fuerza física, sino desde la titularidad de activos simbólicos. La lealtad dejó de ser un sentimiento para convertirse en una mercancía administrable que permite al poder violento sentarse a la mesa de los negocios legales.

3. Cuando la tribuna toma la calle: el control como negocio

Cuando una estructura de poder se consolida, el estadio deja de ser un límite y pasa a funcionar como una plataforma de negocios. La logística aprendida en las gradas, el control de multitudes y la capacidad de intimidación se proyectan hacia otros espacios de la vida pública. La organización deja de ser un actor del fútbol y se transforma en una prestadora de servicios de control, amparada por marcos legales, estructuras gremiales o, en casos extremos, por el uso directo de la fuerza armada.

Esta expansión no es un exceso ni una desviación, sino una estrategia de supervivencia.

Las organizaciones comprendieron que depender exclusivamente de las rentas del fútbol las vuelve vulnerables a los cambios de gestión en los clubes o a las ofensivas judiciales.

Al diversificarse, aseguran ingresos permanentes, diluyen el riesgo y garantizan continuidad. Incluso si son expulsadas de la tribuna, la estructura sobrevive porque ya está incrustada en sectores clave de la economía formal e informal.

Esta forma de soberanía de facto se expresa, con matices locales, en tres niveles de profundidad. El primer nivel es el de la formalización del control. En Argentina, en la ciudad de La Plata, durante diciembre de 2024, sectores vinculados a *Los Leales*, la facción dominante de la tribuna del club Estudiantes de La Plata, utilizaron un armado sindical de seguridad privada para quedarse con el operativo de los conciertos de la banda 'Los Pio-jos' en el Estadio Único[15].

Bajo la amenaza explícita de que los espectáculos «no se reali-zarían» sin su participación, forzaron a la productora a contratar-los por una suma cercana a los 300 millones de pesos argentinos.

Aquí la organización no busca el caos, sino la previsibilidad: factura legalmente como proveedora de seguridad mientras man-tiene el control territorial. El segundo nivel es el control de la vida cotidiana. En las periferias de Río de Janeiro y São Paulo, la frontera entre los líderes de las *torcidas* y las milicias se vuelve difusa cuando estas estructuras comienzan a gestionar servicios esenciales como el *suministro de gas, la televisión por cable o el acceso a internet*[16].

Al monopolizar estos recursos, la organización construye de-pendencia social. El vecino ya no los percibe solo como un grupo violento, sino como el único proveedor posible en territorios don-de el Estado ha dejado de ser una presencia efectiva.

El tercer nivel representa el punto extremo del proceso. En los Balcanes, grupos de ultras como los *Delije* del Estrella Roja y los *Grobari* del Partizan de Belgrado evolucionaron, durante las décadas de 1980 y 1990, desde expresiones identitarias ha-cia estructuras nacionalistas con vínculos directos con el crimen organizado y el poder político. El caso de Željko Ražnatović, conocido como 'Arkan', resulta paradigmático.

Desde su liderazgo en la tribuna reclutó a los sectores más violentos para conformar los llamados 'Tigres de Arkan', una fuerza paramilitar responsable de crímenes de guerra durante la

---

15   La Plata (2024): Coacción gremial de UPSRA (vinculado a la barra de Estudiantes) en el regreso de Los Piojos. Fuente: Archivo LPO / Seguridad PBA.

16   Brasil: Control de mercados de gas e internet por milicias y torcidas. Fuente: Instituto Fogo Cruzado / GENI-UFF.

desintegración de Yugoslavia[17]. En este escenario, la organización no solo expandió su territorio: se convirtió en una herramienta funcional al Estado para el control armado y la limpieza étnica bajo una fachada de patriotismo deportivo.

En definitiva, la expansión de la tribuna a la calle es el signo de una organización que ha alcanzado un grado avanzado de profesionalización. Deja de ser un grupo de hinchas para convertirse en un holding de servicios territoriales y políticos.

La violencia, entendida como estallido, es un recurso limitado. El control del territorio, la gestión de necesidades básicas y, en determinados contextos, la provisión de fuerza para fines estatales, son los verdaderos activos que garantizan la continuidad del poder.

Al ocupar los vacíos que deja el Estado, estas estructuras abandonan definitivamente los márgenes y pasan a administrar, de hecho, el orden social.

4. El nexo político: la organización como brazo informal del Estado

Para comprender por qué las estructuras de las gradas han colonizado el espacio público, es necesario analizar su vínculo con la política no como una anomalía ética, sino como una simbiosis de supervivencia. No se trata de una infiltración accidental ni de desvíos individuales, sino de una relación estructural de dependencia mutua, en la que cada actor aporta aquello que el otro no puede obtener por vías legales o institucionales.

En la gestión del poder, la política formal suele detenerse en los límites de la burocracia y del marco normativo. Es en ese punto donde aparece la utilidad de las barras bravas como actores capaces de operar en el denominado «último kilómetro» del

---

17   Serbia: Reclutamiento de milicias en la grada del Estrella Roja. Fuente: Tribunal Penal Internacional para la ex Yugoslavia (TPIY), Caso Arkan.

control territorial. Estos grupos poseen una capilaridad que el Estado no logra reproducir: conocen el territorio, dominan los barrios periféricos y funcionan como un termómetro social que anticipa escenarios de aceptación o rechazo hacia determinadas figuras políticas. Su presencia puede facilitar o bloquear el acceso de un candidato a espacios donde la autoridad formal carece de legitimidad efectiva.

A esta capacidad territorial se suma una dimensión operativa. Las barras bravas ofrecen una logística de despliegue rápido para tareas como la custodia informal de actos políticos, la colocación de cartelería o la disuasión de facciones rivales. Se trata de funciones que la fuerza pública no puede asumir sin incurrir en costos legales, políticos o simbólicos. En contextos de tensión social, la política opta con frecuencia por negociar con un único interlocutor, generalmente el líder de la barra, para garantizar una apariencia de orden y estabilidad, en lugar de gestionar el comportamiento imprevisible de una multitud fragmentada.

Desde la perspectiva de las barras bravas, el nexo con la política no responde a afinidades ideológicas ni a compromisos partidarios, sino a una lógica de infraestructura para el delito. La cercanía con el poder político garantiza, en primer lugar, un sistema de impunidad y cobertura judicial. Esto incluye redes de protección frente a procesos penales, acceso a defensas legales de alto nivel y, de manera central, la gestión de la denominada «zona liberada», entendida como la ausencia pactada de intervención policial durante el desarrollo de sus actividades ilícitas.

El vínculo también habilita mecanismos de financiación indirecta. A través de la política, estas estructuras acceden a contratos de servicios, subsidios estatales, programas sociales o a la gestión de organizaciones sindicales vinculadas a la seguridad privada. De este modo, economías claramente criminales se integran de forma opaca al circuito legal, difuminando las fronteras entre lo lícito y lo ilícito.

Finalmente, la relación con el poder otorga a las barras bravas una forma de legitimidad social. El reconocimiento político les permite presentarse ante su comunidad no como delincuentes, sino como referentes barriales, mediadores de conflictos o colaboradores informales del orden. Esta narrativa refuerza su control territorial y consolida su posición como actores indispensables dentro del ecosistema local.

El año 2025 ofreció una de las paradojas que mejor ilustran esta ambivalencia de necesidades. El gobierno argentino impulsó un proyecto de 'Ley Antibarras' con el objetivo de tipificar a estas facciones como organizaciones criminales bajo la figura de asociación ilícita, en el marco de un discurso de tolerancia cero promovido por el Ministerio de Seguridad.

Sin embargo, poco tiempo después, miembros de barras bravas señaladas como criminales por la propia iniciativa legislativa fueron identificados realizando tareas de logística, control de accesos y orden interno durante el acto de cierre de campaña del partido oficialista.

La escena sintetiza la lógica del sistema: mientras el Estado criminaliza a las barras bravas en el plano discursivo para responder a la demanda social de orden, en la práctica continúa integrándolas como herramientas funcionales de control territorial. Son, al mismo tiempo, objeto de persecución simbólica y operadores indispensables del poder. Esta ambigüedad no constituye una falla ocasional, sino uno de los mecanismos más estables mediante los cuales el poder reproduce el orden político en determinados contextos.

5. Supervivencia criminal y ceguera estatal

El desarrollo precedente permite afirmar que el ecosistema de las barras bravas ha atravesado una mutación irreversible. El estadio dejó de ser el fin último para convertirse en un espacio de reclutamiento y en una fachada de legitimidad. Estas estructuras ya no se circunscriben a la disputa por una bandera o al dominio de una tribuna; operan como organizaciones criminales polifuncionales, con una sofisticación operativa, logística y económica que desborda las categorías tradicionales de la seguridad deportiva.

Su supervivencia se explica por una estrategia clara de diversificación, que funciona como un verdadero seguro de vida organizacional.

Han desarrollado múltiples unidades de negocio que hibridan lo legal y lo ilegal, reduciendo su dependencia del calendario futbolístico y asegurando una presencia permanente en la economía real. Entre las actividades claramente ilícitas se encuentran el narcotráfico a escala barrial, la extorsión sistemática a comercios, la gestión de redes de usura y el control de la venta ambulante.

En paralelo, operan unidades formalizadas o semilegalizadas, como empresas de seguridad privada, agencias de logística para eventos masivos, la gestión de puestos en mercados públicos y una participación activa en estructuras sindicales.

El principal límite de la respuesta estatal ha sido, precisamente, un error de diagnóstico. Mientras las políticas públicas permanezcan ancladas en la lógica del 'hooliganismo' o de la violencia impulsiva asociada al espectáculo deportivo, el fracaso será inevitable.

El énfasis casi exclusivo en herramientas como el derecho de admisión, la ampliación de sistemas de vigilancia o los operativos dentro del estadio ignora que la verdadera base operativa de estas organizaciones se encuentra en el territorio y en su articulación con el poder político.

No se puede comprender, menos aún controlar, aquello que no se define correctamente. Estas estructuras no son grupos de aficionados con conductas desviadas, sino verdaderos holdings territoriales que administran la violencia como un activo económico, adaptable y negociable según el contexto.

Su fortaleza no reside únicamente en la intimidación, sino en su capacidad para insertarse en circuitos legales, disputar soberanía en la calle y ofrecer servicios que el propio Estado ha decidido no asumir de manera directa. El desafío es, por lo tanto, sistémico.

La desarticulación real de este entramado exige una respuesta estatal que priorice el análisis financiero, el corte de flujos económicos y la ruptura de los vínculos políticos que sostienen su funcionamiento.

No alcanza con vaciar la tribuna si los circuitos de blanqueo permanecen intactos o si las mismas organizaciones continúan proveyendo logística y control territorial en actos partidarios. La soberanía de facto que las barras bravas ejercen sobre amplios sectores de la calle no es una anomalía espontánea, sino el resultado de un vacío de poder que el Estado ha preferido tercerizar antes que ocupar.

Mientras la barra siga siendo una pieza funcional del engranaje político y económico contemporáneo, cualquier reforma será apenas un ejercicio de relaciones públicas.

El problema no es la pasión por el fútbol, sino la rentabilidad del miedo y la utilidad política de la violencia organizada.

CAPÍTULO IV

CORRUPCIÓN EN EL MUNDO DEL FÚTBOL

Si comparamos al fútbol con un cuerpo humano, para comprender su enfermedad primero debemos saber cómo funciona el organismo sano. En el deporte, la salud es la transparencia y la incertidumbre. Esa magia de no saber quién va a ganar hasta que el árbitro pite el final es el pulso vital de la competencia.

La corrupción es, sencillamente, la pérdida de ese pulso a cambio de un beneficio personal o grupal. Es un quiebre de la confianza que ocurre cuando alguien con poder decide usar su posición para el interés privado en lugar de cuidar el juego.

Sin embargo, este fenómeno tiene una profundidad mayor cuando dejamos de mirar al individuo y observamos la estructura. **Aquí es donde la institución entera se encuentra enferma.** Cuando la corrupción se vuelve sistémica el deporte ya no es el fin, sino apenas la excusa para otros objetivos que nada tienen que ver con la pelota.

Aunque hoy nos asombremos con los grandes escándalos actuales, la trampa es casi tan vieja como el reglamento. En Inglaterra, allá por 1915, el Manchester United y el Liverpool protagonizaron el primer caso famoso. Aquel Viernes Santo, los jugadores pactaron que el partido terminara dos a cero para ganar dinero con las apuestas. El juego fue tan lento y fingido que la federación terminó suspendiendo de por vida a siete futbolistas[18]. Fue la primera vez que el hincha entendió una verdad amarga: el guion podía estar escrito de antemano. La pasión podía ser impostora e impostada.

Años después, en Francia, el llamado 'Caso de las Estrellas' de 1930 mostró que el dinero ya se movía por debajo de la mesa mientras se fingía que el fútbol todavía era cosa de aficionados[19].

Pero el gran salto hacia la política se dio en el Mundial de Italia 1934. Allí, Benito Mussolini usó el torneo para hacerse propaganda, presionando a los árbitros y nacionalizando jugadores argentinos por la fuerza para asegurarse de que el trofeo se quedara en casa[20]. Fue el primer ejemplo de cómo una institución puede ser capturada por el poder.

Comprender estos momentos históricos nos permite ver que la corrupción no es un accidente moderno, sino una patología que ha mutado: lo que empezó con unos jugadores apostando unas monedas en un *pub*, terminó convirtiéndose en una red global de lavado de dinero y favores geopolíticos.

1. Corrupción en las instituciones futbolísticas

La corrupción en las instituciones del fútbol no nace de un individuo 'malvado' que decide romper las reglas un día cualquiera. Es el resultado de una estructura enferma que termina contagiando a quienes la habitan. No es resultado de la amoralidad, sino de la aceptación de un sistema moral paralelo.

---

18   Sharpe, G. (2005). *Free the Manchester United Seven: The Inside Story of Football's Most Infamous Betting Scandal.* Robson Books. Este trabajo documenta detalladamente la investigación de la Football Association (FA) sobre el partido del 2 de abril de 1915.

19   Wahl, A. (1989). *Les Archives du football: Sport et société en France (1880-1980).* Gallimard. El autor analiza la crisis del amateurismo marrón y los pagos extralegales a futbolistas antes de la profesionalización oficial en Francia.

20   Galeano, E. (1995). *El fútbol a sol y sombra.* Referencia sobre la intervención de Mussolini en el Mundial de 1934 para fines de propaganda política.

No nos enfrentamos a casos aislados, sino a una forma de delincuencia que ha dejado de ser una excepción para volverse cultural. No aparece como un quiebre brusco, sino como una adaptación lenta y silenciosa. Es, en última instancia, una forma de supervivencia dentro de sistemas que premian el silencio y castigan cualquier intento de transparencia.

Cuando una organización justifica el desvío de sus fines originales, el individuo ajusta sus valores para poder encajar. No es que carezca de ética desde el principio, sino que aprende rápidamente qué conductas son 'útiles' para prosperar en ese entorno. En ese punto, la corrupción deja de ser una decisión personal y pasa a ser una propiedad del sistema. Y cuando el sistema es el que está corrompido, ya no sanciona la falta: la enseña[21].

Esta pedagogía de la sombra se traduce en escenas que muchos prefieren no mirar. Se manifiesta cuando los recursos destinados a la formación de los jóvenes o a mejorar las instalaciones desaparecen en una red de contratos opacos, mientras en las sedes centrales se presentan proyectos faraónicos que nunca llegan a ejecutarse.

No hace falta un gran escándalo para detectar el problema; basta con observar la rutina del abandono institucional. La corrupción rara vez grita: se administra en silencio, en los márgenes de los presupuestos.

En este nivel, el sistema muestra dos caras.

Por un lado, la **económica**, donde el beneficio personal de unos pocos se financia con el patrimonio que debería pertenecer a la comunidad deportiva.

Por otro, la **política**, donde el poder se utiliza para perpetuar privilegios, negociar favores entre federaciones y garantizar que nadie tenga que rendir cuentas ante la justicia.

---

21   La anomia nos permite explicar la creación de normas y comportamientos adaptados a la realidad del entorno. El aprendizaje social, por observación y por imitación, nos muestran cómo se aprenden y se camuflan estas conductas.

Cicerón advirtió hace siglos que: «cuanto más se acerca el colapso de una sociedad, más locas son sus leyes».

En el fútbol, esas leyes no suelen ser absurdas, sino reglamentos impecablemente redactados que aparentan orden, pero que en la práctica sirven para blindar a las cúpulas y debilitar el control real. Aparentar cumplimiento y adhesión a la norma deviene más importante que cumplirla.

Cuando la norma se diseña para proteger al poder en lugar de limitarlo, deja de ser una garantía de justicia y se convierte en una coartada para la impunidad.

2. El mercado de la incertidumbre

Cuando la corrupción abandona los despachos y baja al terreno de juego, el fútbol muere un poco.

La manipulación de resultados, ese fenómeno que hoy conocemos globalmente como *match-fixing*, representa el cáncer de la incertidumbre deportiva. Aunque el término pueda sonar a tecnicismo moderno, su significado es tan antiguo como la trampa: consiste en acordar, antes de que el balón ruede, el destino de un partido o de alguna acción específica del juego.

Pero en la era actual, esta práctica ha evolucionado, ya no se negocia solo el marcador, sino la veracidad misma de lo que ocurre en el campo.

No hablamos de sospechas, sino de esquemas probados por la justicia que nos obligan a mirar bajo una luz diferente casos de gran repercusión mediática.

El escenario que plantea el 'Caso Negreira' es, quizás, el ejemplo más sofisticado de lo que denominó **'consultoría de impunidad'**. En este nivel de corrupción sistémica, el pago millonario a empresas vinculadas a la cúpula arbitral no busca necesariamente la compra de un penalti concreto, sino algo mucho más valioso: la tranquilidad de saber que el sistema no te perjudicará. Es una prima de riesgo institucionalizada para garantizar que, ante la duda, la moneda caiga siempre del mismo lado.

Sin embargo, el daño adquiere una dimensión aún más oscura cuando el deporte se convierte en el tablero de juego del crimen organizado. Investigaciones judiciales de gran calado han permitido radiografiar este fenómeno, demostrando que no se trata de incidentes aislados, sino de estructuras profesionales.

En la **'Operación Oikos'**[22], la Policía Nacional española desarticuló una red liderada por exfutbolistas de Primera División que actuaba como un grupo criminal organizado. El sumario judicial reveló que el método no era el azar, sino el control total: se seleccionaban partidos de Primera y Segunda División donde se pactaban no solo resultados, sino también el número de córneres o tarjetas. El dato clave aquí es la financiación: los cabecillas utilizaban préstamos de prestamistas externos para pagar los sobornos a los jugadores implicados, recuperando la inversión con creces a través de apuestas combinadas en mercados asiáticos, donde el volumen de dinero permite ocultar mejor las irregularidades.

Por su parte, el escándalo **Scommessopoli**[23] en Italia, expuso una trama aún más profunda. La Fiscalía de Cremona documentó cómo una organización internacional conocida como 'los Zingari' (los gitanos) se infiltró en el Calcio.

La investigación probó que futbolistas recibían pagos de entre 10.000 y 50.000 euros por partido para garantizar resultados específicos. Lo relevante de este caso es el uso de la tecnología: los implicados utilizaban teléfonos encriptados proporcionados

---

22   Cuerpo Nacional de Policía (2019). Nota de Prensa: Desarticulada una organización criminal dedicada al amaño de partidos de fútbol. Ministerio del Interior, Gobierno de España. Esta fuente oficial ratifica el modus operandi sobre el control de variables específicas como córneres y tarjetas.

23   Tribunale di Cremona (2011). Ordinanza di custodia cautelare: Inchiesta «Last Bet». La investigación dirigida por el fiscal Roberto Di Martino documentó la infiltración de sindicatos de apuestas asiáticos en el fútbol italiano a través de la célula operativa liderada por Hristiyan Ilievski.

por la mafia para recibir las órdenes minutos antes del inicio del partido.

En este punto, el futbolista deja de ser un deportista para convertirse en un '*eslabón logístico*' de una red transnacional que mueve millones de euros al margen de cualquier control estatal.

Estos casos demuestran que el *match-fixing* es una industria de precisión. La organización criminal no necesita comprar a un equipo entero ni pactar una goleada estrepitosa que encendería todas las alarmas. Le basta con corromper a un solo jugador en una posición clave para que ejecute una acción que, para el ojo del aficionado, pasará como un simple error humano o una circunstancia del juego.

Cada vez que un árbitro se equivoca o un delantero falla un gol cantado, el espectador ya no se indigna por la mala puntería, sino que se pregunta si lo que está presenciando es real o un teatro donde los actores ya saben quién va a ganar antes de que empiece la función.

3. El mercado de las sedes: geopolítica y soborno

El fútbol se encamina hacia una frontera inédita con la proximidad del Mundial 2026. Por primera vez en la historia, la cita se disputará en tres países de forma conjunta: Estados Unidos, México y Canadá. Sin embargo, este despliegue de unidad nace en un clima de tensión: la administración de Donald Trump en los Estados Unidos ha endurecido las políticas migratorias, generando un choque directo entre la apertura que pregona el fútbol y el nacionalismo de fronteras cerradas.

La elección de esta triple sede fue, en realidad, un movimiento de autoprotección. Tras el incendio reputacional de los últimos años, la FIFA buscó refugio en un mercado seguro, con estadios ya construidos y una rentabilidad garantizada, intentando alejarse de las polémicas de Rusia y Qatar.

Antiguamente, la elección de un Mundial se parecía más a un cónclave secreto que a un proceso democrático. El destino de miles de millones de dólares dependía de apenas 24 hombres: el Comité Ejecutivo de la FIFA.

En aquellos tiempos, las sedes no se ganaban en los despachos técnicos, sino en los pasillos de hoteles de cinco estrellas. Bastaba con convencer a un puñado de esos 24 dirigentes para inclinar la balanza.

Las crónicas de adjudicaciones como Alemania 2006 o Sudáfrica 2010 están llenas de fondos de desarrollo que aparecían en cuentas privadas o favores políticos cruzados justo antes de la votación[24].

Ese modelo voló por los aires en mayo de 2015 con el **FIFA Gate**. La imagen dio la vuelta al mundo: altos mandos de la FIFA escoltados por la policía en el hotel Baur au Lac de Zúrich, cubiertos con sábanas blancas para ocultar su identidad. La investigación del Departamento de Justicia de los Estados Unidos desnudó una red de sobornos de más de 150 millones de dólares acumulados durante dos décadas. Empresas de marketing pagaban fortunas a directivos a cambio de derechos de transmisión, transformando la elección de sedes como Rusia 2018 y Qatar 2022 en una subasta privada.

El capítulo más desconcertante fue la caída de los dos hombres más poderosos del sistema: **Joseph Blatter y Michel Platini**. Su salida del poder se precipitó por un pago de 2 millones de francos suizos que Blatter hizo a Platini en 2011, supuestamente por asesorías realizadas una década atrás.

El Tribunal Penal Federal de Suiza dictó el sobreseimiento y la absolución de ambos, validando un pacto de caballeros oral ante la falta de un contrato escrito. La justicia determinó que no

---

24   U.S. Department of Justice (2015). La investigación documentó el desvío de 10 millones de dólares en Sudáfrica 2010 y pagos irregulares por 6,7 millones de euros en Alemania 2006, ambos bajo la fachada de programas de desarrollo y apoyo logístico.

existían pruebas suficientes para una condena penal por administración desleal. Sin embargo, en un movimiento poco común, la estructura interna del fútbol no esperó a los tribunales ordinarios para actuar. **La resolución de la FIFA fue tajante:** a través de su Comité de Ética, el organismo impuso una inhabilitación inicial de ocho años para cualquier actividad relacionada con el fútbol (luego reducida a seis), tras considerar que el pago de los dos millones de francos suizos violaba flagrantemente el Código Ético de la institución[25].

Para la FIFA, el conflicto de intereses y la gestión desleal eran evidentes, independientemente de si constituían un delito penal en Suiza o no.

Este desenlace subraya una de las tesis centrales de este análisis: la enorme dificultad de los tribunales tradicionales para sancionar conductas que se ejecutan dentro de los grises reglamentarios del poder deportivo.

Hoy, la historia es otra, al menos en la superficie. Ya no decide un pequeño comité, sino el Congreso de la FIFA, donde cada una de las 211 asociaciones nacionales tiene un voto. Además, la votación es pública y el informe de evaluación técnica de cada candidatura es vinculante. Si una sede no cumple con los requisitos mínimos de infraestructura o derechos humanos, ni siquiera debería llegar a la instancia de votación.

Sin embargo, este nuevo sistema 'un país, un voto', ha trasladado el riesgo de la cúpula a la base. Al pasar de 24 votos a 211, el lobby se ha vuelto masivo y diplomático, donde los acuerdos se sellan entre gobiernos. A pesar de las nuevas urnas, la rentabilidad del espectáculo y la agenda geopolítica siguen siendo los verdaderos árbitros en la elección de las sedes.

---

25   FIFA (2015). Decisión sobre la inhabilitación de Joseph Blatter y Michel Platini por violación de los artículos 13, 15, 19 y 20 del Código Ético de la FIFA.

4. Corrupción en los negocios y fútbol: nuevas vías de corrupción

La corrupción en el fútbol puede ser moral: el generar sistemas tóxicos o tolerantes; o la asunción de códigos de comportamiento que esquivan el cumplimiento reglamentario.

La corrupción en el fútbol puede atacar a la esencia del deporte, esto es, corrupción deportiva: el amaño de partidos, sería un ejemplo.

La corrupción en el fútbol puede mostrarse en el ámbito económico: compraventas de jugadores falsarias, compra de jugadores o árbitros.

La corrupción en el fútbol puede ser sistémica: cuando se influye sobre equipos, jugadores o sobre el entramado federativo o arbitral.

En apartados anteriores hemos presentado ejemplos de todos ellos.

Mas, también, puede presentarse corrupción de otro modo. En este epígrafe vamos a presentar un caso como ejemplo:

Inversores externos adquieren un club, con problemas económicos. Prometen reflotar la economía y el nivel deportivo del club. Aportan cantidades ingentes de dinero. También presentan un proyecto atractivo. Poseen muy buenas credenciales tras haber gestionado un prestigioso club en una de sus mejores épocas deportivas y financieras. Así atraen inversores externos. El primer equipo empieza a rendir, proyectan una estructura sólida y una expansión internacional. Se asocian con una, aparentemente, potente firma internacional para crear una academia y compartir el desarrollo de jugadores. Los inversores externos reciben retornos por sus aportaciones. Todo va bien.

Con el tiempo, el primer equipo va bajando de rendimiento. No se entiende; los futbolistas lo explican: llevan meses sin cobrar. Los inversores dejan de recibir retornos; tampoco reciben respuesta cuando preguntan qué pasa. La academia internacional no prospera, el acuerdo decae. El club entra en una espiral de impagos. Termina en concurso de acreedores; desaparece.

¿Reconocen el esquema? ¿Reconocen el caso? No existe un sólo ejemplo. Pero estamos hablando del conocido como 'Caso Reus'[26].

A día de hoy, este caso está siendo investigado como presunta estafa.

Y, por ello, podemos considerar que se trata de otro tipo de corrupción que usa al fútbol para producirse. Es corrupción económica y moral. No se produce en el seno del sistema, ni consiste en pagar a árbitros o futbolistas para condicionar resultados, pero afecta y utiliza al fútbol en beneficio de unos pocos, y se produce en el ámbito futbolístico.

5. Herramientas de control y ética: ¿gestión de riesgos o cosmética corporativa?

Hoy, bajo la presión de organismos internacionales, los clubes han llenado sus paredes con códigos de ética y sus oficinas con oficiales de cumplimiento. Sin embargo, en la práctica, estas herramientas funcionan como normas de escaparate. Como un lavado de cara sin eficiencia ni eficacia reales ni en la prevención ni en la intervención sobre los casos de corrupción.

El problema es una falla de diseño estructural: la mayoría de estos comités carecen de independencia real. Cuando el controlador es empleado del controlado y su salario depende de no ge-

---

26   Rauet, A; Tella, A; Gómez, V. (2022) Documental. *El cas Reus FC: Buscant culpables*. Disponible en: https://www.youtube.com/watch?v=p_NclL-FrV-I

Rauet, A (2025) Documental. *Laporta Gate: El cas Reus 2*. Disponible en: https://www.youtube.com/watch?v=FntXc4fibio

En estos dos documentos videográficos se explica el caso, el desarrollo y varios aspectos muy interesantes que han llevado a que estos hechos se estén juzgando.

nerar olas, el control deja de ser una auditoría para convertirse en una gestión de imagen. No se busca eliminar el delito; se busca que el escándalo no manche la marca.

¿Por qué ha penetrado la corrupción con tanta profundidad?

Porque el fútbol dejó de ser una institución social para transformarse en una industria de entretenimiento, con mucho poder financiero. Cuando el beneficio económico se pone por encima de la integridad, la trampa deja de ser una falta ética para convertirse en una herramienta de mercado.

Basta ver la realidad de los últimos años. En China, recientemente se ha ratificado el colapso del sistema que encumbró a Li Tie. El caso del exjugador del Everton y seleccionador nacional: confesó haber comprado su cargo de entrenador nacional por 400.000 dólares y haber amañado partidos de forma sistemática para ascender de categoría.

Su caída, que terminó en una cadena perpetua, no fue un error individual, sino la consecuencia lógica de un entorno donde 'comprar el éxito' era la norma aceptada.

Mientras tanto, en Turquía, las investigaciones revelan que las mafias de apuestas han permeado el arbitraje, y en España el caso Negreira sigue sin una resolución que limpie la mancha de la duda sobre el césped.

Lo que enfrentamos es una erosión de los cimientos mismos de nuestra pasión. Si la sospecha se instala de forma permanente en la grada, el fútbol perderá su activo más valioso: la convicción de que el resultado se decide únicamente en el campo de juego.

CAPÍTULO V

APUESTAS DEPORTIVAS Y FÚTBOL: LA CONEXIÓN CRIMINÓGENA

Los pasillos del poder, el cemento de las gradas y los flujos invisibles del lavado forman un mapa complejo, pero incompleto. Existe un territorio menos tangible pero igual de influyente: el mundo de las apuestas. Un espacio que no se pisa, pero condiciona. Que no se ve, pero pesa.

El fútbol es, en su esencia más íntima, un homenaje a la incertidumbre. Miramos, jugamos y sufrimos porque no sabemos qué va a pasar. Ese instante suspendido, esa promesa de lo inesperado, es lo que sostiene la emoción. Sin incertidumbre no hay drama. Y sin drama, el fútbol es solo un trámite.

Con el tiempo, esa incertidumbre casi sagrada se transformó en mercancía. El azar dejó de ser un componente natural del juego para convertirse en un producto transable.

La dimensión de este mercado es monumental: en 2025, las apuestas deportivas movilizaron globalmente entre 200 y 250 mil millones de dólares, con el fútbol como protagonista absoluto al concentrar el 70% de ese volumen total[27].

---

27   Proyecciones basadas en Statista Market Insights y el Global Betting Integrity Report 2025. La cifra incluye el volumen de mercados regulados y estimaciones de plataformas bajo jurisdicciones de baja fiscalización.

Comprender cómo el azar fue convertido en una variable controlable es el primer paso para entender una mutación que está alterando la estructura misma del juego.

1. El azar como negocio: la fractura del tiempo

Las apuestas acompañan al fútbol desde sus orígenes, pero durante casi todo el siglo XX fueron un murmullo en las orillas. Ocupaban un lugar marginal, limitado a circuitos informales de barrio o a la rigidez de las quinielas estatales. El quiebre no fue cultural. Fue tecnológico y financiero.

A finales de los noventa, la digitalización rompió el cristal. El partido dejó de ser una unidad indivisible de noventa minutos para convertirse en una ráfaga de microeventos. Hoy, el fútbol se desguaza en segundos: un córner antes del descanso, una tarjeta amarilla forzada, un saque lateral que parece intrascendente. Cada acción es monetizable. Cada información privilegiada, un activo.

Esta fragmentación cambió la lógica del riesgo. Ya no hace falta comprar un resultado ni sobornar a un equipo entero. La manipulación se volvió quirúrgica: basta con incidir en un gesto mínimo para alterar un flujo de capital invisible. El umbral del delito bajó tanto que se volvió imperceptible para el ojo del hincha.

Un vestuario precario, salarios que no llegan y un celular que vibra antes del pitazo inicial. Así empieza el contacto. No hay armas ni violencia explícita. Hay una oferta que llega en el momento justo, allí donde el sistema dejó de proteger al protagonista. No hace falta un gran asalto.

Solo hace falta una grieta.

2. Apuestas, capital y nuevos polos de poder

El crecimiento exponencial del mercado de apuestas no solo modificó la economía del fútbol; alteró la relación emocional con el juego.

En este escenario, el resultado deportivo —aquello que sucede en el césped— corre el riesgo de perder centralidad frente al resultado apostado.

El negocio ya no es un elemento periférico del fútbol: es un componente que lo atraviesa.

Algunos Estados intentaron marcar límites. España, con las reformas de 2025, prohibió la publicidad de apuestas en camisetas y estadios. Fue una decisión basada en una premisa de salud pública.

Sin embargo, el capital no reconoce fronteras ni dilemas morales. Lo que se limita en la élite, se derrama con fuerza en las periferias. En las ligas menores y emergentes, los patrocinios de apuestas legales son, a menudo, el único oxígeno disponible.

Para muchos clubes modestos, estos ingresos garantizan lo básico: el pago de salarios, la luz de la sede y la continuidad de las divisiones juveniles. El dinero que sostiene la estructura es el mismo que genera la sospecha.

Aquí aparece la contradicción más profunda. Se le exige una integridad heroica al jugador mientras el sistema que lo sostiene se alimenta de la misma industria que lo pone bajo la lupa. El mensaje es tramposo.

No se puede pedir santidad en un ecosistema que sobrevive gracias al mercado del azar.

3. Casos recientes: la manipulación sin ruido

La vulnerabilidad rara vez comienza con un delito explícito. Suele nacer en el murmullo: una conversación informal, un dato compartido, una ventaja mínima que parece inofensiva. En el fútbol actual, el secreto es la mercancía más cara y, a la vez, la más difícil de proteger.

El caso de Lucas Paquetá, investigado por la Football Association entre 2024 y 2025, es una lección sobre los límites de la transparencia.

Aunque el proceso por la obtención deliberada de tarjetas amarillas culminó en un sobreseimiento por falta de pruebas directas sobre el amaño, la sanción llegó por una vía distinta: la obstrucción de la justicia deportiva. Al deshacerse de su teléfono personal tras un requerimiento formal, el jugador rompió el protocolo de cooperación exigido por los entes reguladores.

En este nuevo mapa, la desaparición del rastro es una declaración. El sistema no solo vigila el juego; vigila el silencio.

No son hechos aislados, sino patrones que se repiten. Lo vimos con Kieran Trippier, sancionado por la FA tras filtrar información sobre su traspaso al Atlético de Madrid para que su entorno cercano obtuviera beneficios en el mercado de apuestas.

Aquí el riesgo no es el azar, sino el uso del dato como activo criminal. Según International Betting Integrity Association (IBIA) en el *IBIA Annual Integrity Report 2025*, se detectaron más de 1.200 eventos sospechosos a nivel global, con el fútbol representando el 70% de las alertas.

En las ligas de menor visibilidad, el anonimato es el mejor aliado. Según los reportes de integridad de Sportradar y el IBIA[28],

---

28   Sportradar Integrity Services y la International Betting Integrity Association (IBIA). Estas entidades son los organismos de referencia para la FIFA y la UEFA en la detección de amaños. Sus informes de 2025 documentan que la baja exposición mediática de las ligas regionales facilita la manipulación de mercados de apuestas sin activar los protocolos de vigilancia de las grandes emisoras.

la mayor densidad de alertas no se encuentra en la élite, sino en las ligas regionales de Brasil, las divisiones de ascenso en el sudeste asiático y las ligas nacionales de Europa del Este.

En estos contextos, el riesgo de detección es mínimo porque los mecanismos de monitoreo son laxos y la atención mediática es inexistente. Se busca el beneficio silencioso de un córner o una tarjeta en un partido de tercera división.

Allí donde nadie mira, el guion del partido se escribe en otra parte. Es una invisibilidad selectiva: el sistema permite que el margen se corrompa para no contaminar el centro, sin entender que el flujo de capital es el mismo.

4. El riesgo estructural: factores de convergencia

Para entender por qué el fútbol es el escenario principal del fraude deportivo, hay que analizar tres factores que facilitan la intervención criminal en el sistema actual.

El primero es la precariedad económica en las bases. No es un problema de moral individual, sino de vulnerabilidad financiera. Según el *Global Report on Corruption in Sport 2024* de la Oficina de las Naciones Unidas contra la Droga y el Delito (UNODC), el 40% de los intentos de amaño ocurren en categorías con salarios inferiores a los 600 dólares.

En estas condiciones, el mercado ilegal no necesita grandes operaciones de soborno; le basta con ofrecer un alivio económico inmediato a cambio de un evento mínimo en el campo.

El segundo factor es la fragmentación del juego. Las apuestas modernas ya no dependen del resultado final, sino de microeventos como tarjetas, córners o saques de banda. Esto reduce drásticamente el riesgo para el infractor: es mucho más fácil y discreto manipular un gesto individual que alterar el marcador de un partido.

Estos eventos de baja visibilidad permiten mover capitales ilícitos —estimados por la UNODC entre 30.000 y 40.000 millones de dólares anuales— sin activar las alarmas de los sistemas de integridad[29].

El tercer factor es la insuficiencia de los controles. Los organismos de supervisión suelen enfocarse en el mercado legal, pero ignoran el flujo de dinero que circula por fuera del sistema bancario tradicional.

Esta descentralización financiera, basada en el uso de **criptoactivos**, funciona como una estrategia de invisibilidad: permite que el capital entre y salga del circuito de las apuestas sin dejar un rastro de identidad.

Esta opacidad se ha potenciado con el uso de la **Inteligencia Artificial**. Las organizaciones criminales utilizan programas diseñados para detectar errores en las cuotas de las casas de apuestas en fracciones de segundo.

Estos sistemas automáticos pueden realizar miles de jugadas en el mismo instante en que encuentran una debilidad, moviendo fortunas antes de que cualquier supervisor logre reaccionar.

Es una tecnología de ataque masivo que supera por completo la capacidad de los controles actuales, que todavía dependen de la simple observación humana.

---

29   United Nations Office on Drugs and Crime (UNODC). *Informe Global sobre Corrupción en el Deporte* (2024/2025). La cifra contempla el volumen de dinero que circula a través de apuestas ilegales y lavado de activos aprovechando la falta de marcos regulatorios armonizados a nivel internacional.

5. El fútbol femenino: asimetría y nuevos riesgos

El crecimiento del fútbol femenino ha consolidado un mercado de alta velocidad que, sin embargo, carece de una estructura de integridad proporcional a su expansión.

La profesionalización asimétrica ha generado brechas que son aprovechadas por las redes de manipulación. Según el *Integrity Report 2025* de la IBIA, las alertas por movimientos sospechosos en el fútbol femenino aumentaron un 15%, con un foco crítico en ligas de segundo orden y torneos de desarrollo.

La vulnerabilidad en este sector es el resultado de una brecha entre el volumen de apuestas y la realidad salarial.

Para las organizaciones criminales, la ecuación es logística: el costo de infiltrar una liga femenina en desarrollo es significativamente menor que el de intervenir en las estructuras blindadas del fútbol masculino de élite.

Este escenario se ve agravado por un déficit en la protección institucional. Informes de FIFPRO entre 2024 y 2025 señalan que un alto porcentaje de jugadoras carece de contratos estables y de programas específicos de formación en integridad.

Esta precariedad convierte al fútbol femenino en un objetivo estratégico para el fraude.

No se requiere de coacción; el sistema criminal simplemente explota la fragilidad económica de deportistas que compiten en la élite, pero viven en la incertidumbre financiera.

La brecha salarial debe entenderse, por lo tanto, como un vector de inseguridad deportiva.

Si el mercado de apuestas sobre el fútbol femenino crece a un ritmo superior al de las garantías económicas de sus protagonistas, el sistema está facilitando las condiciones para el amaño.

6. La propiedad de clubes: infiltración y control estructural

La intervención criminal en el fútbol ha evolucionado desde el contacto externo con los protagonistas hacia la toma de control de las instituciones.

El club ya no es el objetivo de un ataque, sino el vehículo para una operación sistémica. Reportes de Europol y de la **FATF (Grupo de Acción Financiera Internacional)**[30] en 2025 confirman un patrón recurrente en ligas de Europa del Este y América Latina: la adquisición de entidades con pasivos financieros críticos por parte de grupos inversores con estructuras de propiedad opacas.

Estas organizaciones aprovechan que el fútbol es un sector de alto riesgo para el blanqueo, debido a la facilidad para mover capitales transnacionales y la subjetividad en el valor de los activos

La estrategia consiste en desplazar a los dirigentes locales e imponer una cadena de mando vertical.

Este control permite integrar cuerpos técnicos y futbolistas cuya función principal es asegurar el cumplimiento de las cuotas de apuestas predeterminadas por los inversores.

El club se transforma en una unidad operativa dedicada a la generación de resultados específicos y al lavado de activos, manteniendo únicamente la apariencia de una entidad competitiva.

En este esquema, la competencia es sustituida por la generación de resultados a pedido.

Este fenómeno de los 'clubes satélites' degrada la integridad de toda la liga. Cuando una institución opera bajo esta lógica, la competencia se convierte en una ficción técnica que afecta a rivales, árbitros y al mercado de apuestas en su totalidad.

---

30   Financial Action Task Force (FATF/GAFI). Organismo intergubernamental que establece los estándares globales para combatir el lavado de activos. Sus directrices actuales clasifican al fútbol como un sector de vulnerabilidad sistémica debido a la opacidad en las transferencias y la falta de transparencia en los beneficiarios finales de los clubes.

Como respuesta, organismos como la **Premier League, LaLiga** y la **CONMEBOL** (Confederación Sudamericana de Fútbol) han endurecido sus **exámenes de idoneidad para propietarios**. Estas auditorías buscan identificar al beneficiario real detrás de cada compra.

Sin embargo, la agilidad del capital criminal para ocultarse tras paraísos fiscales y estructuras fiduciarias sigue superando la capacidad de rastreo de los organismos deportivos.

El peligro ya no reside únicamente en la pérdida de transparencia económica. **El riesgo final no es financiero: es la anulación del fútbol como un sistema de competencia real.**

7. El hincha y la billetera: cuando el fútbol deja de ser un juego

Hay que mirar qué está pasando en las tribunas y frente a las pantallas. El fútbol siempre fue un espacio de identidad, pero el sistema de apuestas ha alterado esa conexión.

Hoy, para miles de personas, ver un partido dejó de ser un momento de disfrute para convertirse en una cuenta matemática constante.

El juego ya no se vive; se calcula. Estamos ante una dependencia que se alimenta de cada jugada y que es cada vez más difícil de frenar.

Cuando hay dinero propio de por medio, el cerebro deja de mirar el juego y empieza a mirar el riesgo.

El gol ya no se grita por la camiseta, sino por el impacto que tiene en la billetera virtual. El gol transforma al 1, la X o el 2 en montos de dinero; roban la emoción, fomentan la adicción. Esta transformación cambia el valor de todo lo que pasa en la cancha.

En 2025, el aumento de la ludopatía relacionada con las 'micro-apuestas' (apostar a un córner o a una tarjeta cada cinco minutos) mostró un síntoma claro: el espectador vive en un estado de estrés permanente. El hincha ya no descansa; está atrapado en una necesidad de ganar dinero que nunca se detiene.

Este clima de tensión salta rápidamente a las redes sociales. El jugador ya no es un profesional que puede fallar, sino el culpable de que el apostador pierda sus ahorros. Entre 2024 y 2025, las amenazas de muerte y el acoso digital por una simple amarilla o un penalti errado llegaron a niveles nunca vistos[31].

El fútbol está dejando de unir a la gente para convertirla en enemigos movidos por intereses económicos individuales. Estamos ante una sociedad que ya no mira un deporte, sino que lo consume como si fuera una timba financiera.

En este camino, se pierde la salud y la pasión que el fútbol siempre nos dio. Pasamos del sentimiento a la estadística, y de la estadística a la violencia.

Tabla 5.1. Crecimiento del mercado de apuestas vs. eventos sospechosos de amaño (2018-2025)

Año	Mercado global (mil mill. USD)	Alertas de fraude (IBIA)	Fútbol como %	Riesgo sistémico principal
2018	aprox. 120	450	65%	Digitalización masiva y mercado online inicial.
2020	aprox. 140	650	68%	Pandemia: migración forzada a plataformas remotas.
2022	aprox. 180	950	70%	Fragmentación del juego en microeventos y uso de cripto.
2025	200–250	>1.200	70%	Cripto-anonimato y ataques por algoritmos de IA.

Fuentes: Statista 2025; IBIA Annual Integrity Report 2025; FIFA Integrity Reports; FIFPRO 2025; FATF.

---

31   Datos basados en los reportes de FIFPRO (Sindicato Mundial de Futbolistas) y el servicio de protección de redes sociales de la FIFA, que en sus informes de 2024 y 2025 documentaron que más del 50% de los jugadores profesionales recibieron insultos o amenazas vinculadas directamente a eventos de apuestas durante los partidos.

8. Prevención: de la voluntad política a la respuesta técnica

El fútbol actual está condicionado por una industria de apuestas que mueve millones y ha rediseñado las reglas del juego a su medida.

El primer paso para protegerlo es reconocer los mecanismos que transformaron el deporte en un mercado de capitales de alto riesgo. A partir del análisis de los vectores criminógenos que facilitan la manipulación, proponemos medidas técnicas directas para mitigar el riesgo y sostener la integridad del sistema.

En primer lugar, es necesario implementar auditorías de flujos que monitoreen el comportamiento de los mercados en tiempo real, permitiendo detectar anomalías antes de que el impacto sea irreversible.

A esto debe sumarse una certificación de propietarios que transparente las estructuras de capital, garantizando que el origen de los fondos sea rastreable.

La protección del protagonista es el tercer pilar: mejorar las condiciones económicas de los futbolistas en las categorías de ascenso permite reducir los niveles de vulnerabilidad frente a las redes de captación.

Finalmente, es urgente terminar con la ventaja de quienes ven el partido «antes» que el resto. Hoy, el retraso de la señal de televisión permite que alguien en la otra punta del mundo sepa que hubo un córner o una tarjeta segundos antes de que el sistema de seguridad pueda reaccionar.

Eliminar esa diferencia de tiempo es fundamental: si todos manejan la misma información al mismo segundo, se acaba el negocio de apostar sobre seguro en jugadas que ya ocurrieron.

Exponer este engranaje es necesario para distinguir el azar de la manipulación deliberada.

El riesgo no reside en la pelota, sino en una estructura que ha permitido convertir al deporte en una financiera oscura.

Garantizar la veracidad de lo que sucede en el césped es el paso indispensable para preservar la naturaleza misma del fútbol.

CAPÍTULO VI

TRATA DE PERSONAS Y EXPLOTACIÓN EN EL FÚTBOL

Una pensión sin calefacción. Camas o literas alineadas.

Botines secándose al lado de una ventana rota. Afuera, el estadio iluminado. Adentro, chicos de trece, catorce, quince años que todavía no saben si ese lugar es una oportunidad o una trampa.

No hay padres. No hay contratos claros. Solo un adulto que promete paciencia y pide rendimiento. El fútbol empieza a parecerse demasiado a una prueba sin reglas.

El fútbol, que debería funcionar como espacio de cuidado y ascenso social, se convierte en un corredor de riesgo. Y cuando ese riesgo se normaliza, el sistema deja de proteger.

No por ausencia de normas, sino por tolerancia. No por desconocimiento, sino por conveniencia. Entonces ya no cuida: **explota**.

El negocio global del fútbol juvenil mueve miles de millones cada año, pero ese capital no siempre se traduce en oportunidades reales para los menores. La vulnerabilidad de familias enteras se convierte en un activo comercial: promesas de prueba, cuotas encubiertas, intermediarios sin control y contratos que nunca llegan.

Los sistemas de protección frecuentemente son escenográficos: protocolos que existen solo en papel, controles que dependen de la voluntad política y sanciones que rara vez disuaden. El resultado no es neutro: menores sin escolarización, situaciones migratorias irregulares y regresos silenciosos que nadie registra.

1. La captura de jóvenes promesas

La llamada **'captura de talento'** rara vez es un acto romántico de descubrimiento deportivo. En la práctica, es un proceso asimétrico, ejecutado por intermediarios, academias privadas y estructuras formales del fútbol, que se apoya en contextos de vulnerabilidad estructural.

La pobreza, la falta de alternativas reales y la presión familiar crean un terreno fértil donde la promesa de éxito funciona como anestesia del riesgo.

El sistema no busca únicamente al joven con mejores condiciones técnicas. Busca, sobre todo, a la familia con menor capacidad de negociación, menor acceso a información y menor margen para decir que no.

Allí donde la necesidad aprieta, la promesa se vuelve casi imposible de rechazar. Y esa docilidad forzada es funcional al negocio

Un bolso armado a las apuradas. Un pasaje de ida. Un contrato que nadie entiende del todo.

Un adulto firmando mientras imagina una salida que, en realidad, no controla. El papel promete futuro; en la práctica, transfiere poder

En el último reporte de la FIFA (2024–2025) se registró un récord de transferencias de futbolistas amateurs, la categoría en la que se incluye a la mayoría de los menores. Solo en 2024 se realizaron 53.678 traspasos de este tipo en todo el mundo[32].

La dimensión del problema aparece con el paso del tiempo. Al analizar cuántos de esos jóvenes logran firmar un contrato profesional en el mismo club años después, el resultado es constante: apenas alrededor del 1% llega a la élite. El resto queda

---

32   FIFA. (2025). Global Transfer Report 2024. Fédération Internationale de Football Association. El reporte registra 53.678 transferencias amateurs, de las cuales solo cerca del 1% logra la transición al profesionalismo en el fútbol de élite.

fuera del sistema que los seleccionó, casi siempre sin respaldo educativo ni un plan de salida.

Esa brecha convierte a miles de jóvenes en una reserva explotable, disponible para ser utilizada y descartada sin mayores consecuencias.

Las redes que operan en este mercado se camuflan detrás del lenguaje del sueño.

Ofrecen oportunidades únicas, plazos urgentes y decisiones que 'no pueden esperar'. No necesitan recurrir a la violencia física: les basta con secuestrar la esperanza.

El consentimiento existe, pero está condicionado por la desigualdad.

Un caso ilustrativo ocurrió en Villavicencio, Colombia, en 2023. La intermediaria no irrumpió con violencia, sino con una pregunta cuidadosamente calculada: «¿Está preparada para separarse de su hija?». Invocó nombres de clubes europeos, gestionó viajes y trámites, y convirtió la urgencia en destino.

La familia pagó **8.000 dólares** por un camino que no llevaba a ningún lado.

Cuatro meses después, lejos de cualquier promesa, la adolescente (trasladada a Argentina) acumulaba maltratos, incumplimientos y coacción psicológica.

La salida no llegó por el sistema deportivo, sino por una alerta: la joven activó el botón de emergencia de la aplicación **LibertApp**, lo que permitió la intervención de Migración Colombia[33].

El dinero no generó oportunidades: solo abrió la puerta al sufrimiento, a un camino cercano a su perdición, disfrazado de esperanza.

El daño no se produjo por la fuerza, sino por la manipulación del deseo y la promesa de movilidad social.

---

33   https://www.infobae.com/colombia/2025/10/23/rescatan-a-adolescente-colombiana-victima-de-trata-de-personas-en-argentina-una-falsa-cazatalentos-la-engano/

En África occidental, los mecanismos son similares pero adaptados a contextos de pobreza extrema: promesas de becas, viajes y contratos ficticios se presentan como la única vía de escape. Academias informales y ojeadores sin licencia operan como filtros iniciales de un mercado que exporta esperanza y descarta cuerpos.

En Europa del Este, especialmente en países como Ucrania o Polonia, las redes utilizan la promesa de integración en clubes de Alemania, Francia o Italia. Aunque las familias suelen tener mayor acceso a información formal, la presión económica y la ilusión de movilidad social siguen funcionando como motores de captación[34].

Estos mecanismos se asemejan a redes de trata de baja visibilidad: jerarquía clara, control de la información, explotación económica y emocional, y encubrimiento sistemático mediante consentimiento condicionado.

2. Abusos y explotación en academias y clubes

Existe una dimensión del daño que no siempre deja huellas visibles, pero que condiciona trayectorias completas.

Cargar sobre un niño la expectativa de 'salvar a la familia' genera un nivel de presión emocional para el que su desarrollo aún no está preparado. Ese estrés precoz altera equilibrios internos antes de que la identidad termine de consolidarse y convierte al menor en un sujeto funcional a expectativas que no eligió.

A esta carga se suma una cultura profundamente arraigada en el fútbol: exigencia de fortaleza permanente, silencio frente al dolor y glorificación del sacrificio extremo. Dormitorios superpoblados, entrenamientos interminables, lesiones minimizadas,

---

34   UNODC / SELEC Report on Trafficking in Human Beings in Southeast Europe (2019). Disponible: https://www.selec.org/wp-content/uploads/2020/04/SELEC-Report-on-Human-Trafficking-in-SEE_public-version.pdf

hambre disfrazada de disciplina: todo se justifica en nombre del futuro.

El sufrimiento deja de ser una señal de alarma y pasa a ser un requisito.

El miedo a quedar estigmatizados, a perder oportunidades o a ser expulsados del sistema alimenta una violencia que rara vez se denuncia. Incluso en entornos formativos de alto nivel persiste una lógica de obediencia y subordinación que favorece el abuso de poder.

El cuerpo aprende a callar antes que la palabra, porque el sistema castiga al que habla y protege al que manda.

La explotación no siempre adopta formas explícitas. A veces se expresa en jornadas excesivas, controles invasivos, castigos humillantes o en la naturalización de prácticas que vulneran la dignidad del menor.

Otras veces, el daño es más directo y devastador, pero queda encapsulado por pactos de silencio que protegen la reputación institucional. Ese silencio no es neutral: funciona como escudo y permite que la impunidad se reproduzca sin rendir cuentas.

Un estudio publicado en 2023 sobre abuso infantil en deportes de alto rendimiento (que incluyó academias de fútbol en Europa del Este) documentó que hasta el 65% de los menores encuestados reportó haber experimentado presión emocional intensa, como estrés crónico, humillación o aislamiento.

Alrededor del 23% denunció prácticas calificadas como abuso físico o humillación sistemática[35].

En África subsahariana y Latinoamérica, los porcentajes son similares, aunque los métodos de presión se adaptan a la realidad socioeconómica local: desde la glorificación del sacrificio extremo hasta la normalización del dolor como prueba de compromiso.

---

35   Toy, A.B. et al. (2023). «Investigating Child Abuse in Sports: An Ecological Systems Perspective». *Frontiers in Psychology*. https://pmc.ncbi.nlm.nih.gov/articles/PMC9846813/

El patrón se repite: el daño no aparece como excepción, sino como parte del proceso formativo.

3. Tráfico de menores y mercado de fichajes

El fútbol internacional cuenta con normas diseñadas para proteger a los menores de edad. El artículo 19 del Reglamento sobre el Estatuto y la Transferencia de Jugadores de la FIFA es, en teoría, una de las barreras más claras frente a la explotación infantil.

En la práctica, su sola existencia no ha impedido la vulneración sistemática de esos derechos. Las redes ilegales no niegan la norma. La rodean.

Han desarrollado una ingeniería de fraude cada vez más sofisticada, capaz de operar dentro de los márgenes formales del sistema sin activar alarmas inmediatas.

Tutorías falsificadas para justificar traslados internacionales. Contratos laborales simulados para los padres en países de destino. Residencias ficticias que permiten triangular fichajes a través de jurisdicciones más laxas.

El menor se mueve. El derecho queda atrás.

Un caso emblemático fue la sanción impuesta al FC Barcelona entre 2014 y 2015. La FIFA multó al club con 450.000 francos suizos (una cifra menor para un club de élite), y le prohibió inscribir jugadores durante dos ventanas de transferencias por violar el artículo 19 del reglamento, al incorporar de manera irregular a más de 70 futbolistas menores de edad. La mayoría provenía de África, Asia y América Latina, sin que se cumplieran las excepciones humanitarias previstas.

El Tribunal de Arbitraje Deportivo (TAS) confirmó la sanción y fue categórico: no se trató de errores administrativos aislados, sino de un patrón sistemático de captación y registro irregular.

El fallo dejó claro que el modelo aplicado resultaba incompatible con el principio de protección integral del niño en el deporte[36].

Pero detrás de la sanción institucional quedó una consecuencia menos visible y más grave. Decenas de niños que habían sido formados en La Masía quedaron atrapados en un limbo legal. Sin posibilidad de competir, sin regularizar su situación migratoria y sin planes de reintegración, muchos fueron devueltos a sus países de origen sin acompañamiento psicológico, educativo ni económico.

El sistema los había tratado como activos deportivos. Cuando dejaron de ser útiles, se transformaron en descartes.

Entre 2018 y 2022, la justicia belga desarticuló una red de intermediarios que captaba menores de África y América Latina bajo promesas falsas de contratos profesionales[37]. Más de 50 niños y adolescentes fueron trasladados a Europa mediante documentos irregulares o visados turísticos. Los intermediarios cobraban hasta 15.000 euros por menor.

Muchos jóvenes fueron abandonados al no cumplir expectativas deportivas mínimas; algunos quedaron en situación de calle, otros fueron utilizados como sparrings no remunerados.

El expediente judicial expuso un fenómeno estructural: clubes europeos que miraban para otro lado, beneficiándose de pruebas informales de talento sin asumir responsabilidades legales ni contractuales. La explotación no siempre fue visible, pero fue constante.

El mercado informal de fichajes revela una desigualdad global que se adapta sin perder su lógica: en África predomina la captación por necesidad inmediata; en Latinoamérica, la ilusión de movilidad social financiada con endeudamiento; en Europa del

---

36   Tribunal de Arbitraje Deportivo (TAS/CAS). Sentencia CAS 2014/A/3793 FC Barcelona v. FIFA.

37   Investigación Judicial 'Operación Zero' y reportajes de *Le Soir* (Bélgica, 2018–2022).

Este, la falsificación documental bajo apariencia de legalidad. Cambian los métodos. No el resultado.

Tabla 6.1. Circuitos de riesgo en fichajes de menores

Etapa	Riesgo principal	Mecanismo común	Prevención posible	Costo humano documentado
Captura inicial	Desigualdad estructural	Promesa de éxito como anestesia del riesgo	Regulación y certificación de intermediarios	>80% no alcanzan el profesionalismo (FIFA 2024)
Traslado	Tráfico y fraude documental	Tutorías ficticias o contratos simulados	Verificación cruzada y trazabilidad (TMS)	Red Belga (2018-22): 50+ menores abandonados
Academia / Club	Abuso y explotación	Silencio institucional y presión emocional	Denuncias independientes y seguimiento psicosocial	Caso Barcelona (2014-15): 70+ menores irregulares
Retorno	Descarte sistémico	Ausencia de redes de contención y educación	Protocolos de salida y reinserción obligatorios	>90% carecen de un «Plan B» (UNICEF 2023)

Fuentes: FIFA TMS Reports 2023–2024; UNICEF «Children in Sport» 2023; ECPAT International 2023; Tribunal de Arbitraje Deportivo (CAS 2014/A/3793); prensa belga (Le Soir 2022).

4. Prevención: de la gobernanza al cuidado real

Cuando un sistema no protege a un menor, no siempre es porque no tenga normas. La mayoría de las veces es porque decide no aplicarlas.

En el fútbol formativo existen protocolos, programas y marcos regulatorios pensados para reducir el riesgo de abuso y explotación.

El problema no es su ausencia, sino la distancia entre lo que se declara y lo que realmente ocurre en la práctica cotidiana.

Cuidar a un niño en el fútbol no consiste solo en cumplir una norma administrativa. Implica hacerse cargo de todo su recorrido: desde el primer contacto con un intermediario hasta el momento (frecuente y silencioso), en que queda fuera del sistema. Allí es donde la protección suele desaparecer.

En los últimos años se han desarrollado iniciativas relevantes. Programas como **FIFA Guardians** buscan profesionalizar la figura del cuidado dentro de clubes y federaciones, obligando a designar responsables específicos de la integridad del menor. [38]

Otras organizaciones, como **Mission 89**, entidad suiza especializada en prevenir la trata de personas en el deporte, trabajan sobre los puntos más vulnerables del proceso: la intermediación, el traslado internacional y el desarraigo familiar.

Safe Sport International, por su parte, aporta canales de denuncia independientes, una condición básica para que la palabra del menor pueda existir sin miedo.

Estas herramientas demuestran algo clave: el problema no es técnico. Es de voluntad.

---

[38]   Programa de la FIFA (2019) que fija estándares globales para la protección de menores en las 211 federaciones miembro.

Tabla 6.2 Normas de protección efectiva: brechas y propuestas

Medida / Programa Actual	Alcance real del sistema hoy	Propuesta: Aplicación y viabilidad	Efecto esperado si se aplica	Fuente base / Referencia
FIFA Guardians	Control interno en federaciones.	Auditoría Psicosocial Externa: independientes del club, fondo FIFA, auditoría anual + sanción automática.	Reducción del 40–60% en incidentes de abuso (pilotos 2023–2025).	FIFA Guardians (2019–2025)
Mission 89	Monitoreo migratorio y educación familiar.	Pasaporte de Integridad Humana: registro digital escolar y salud mental; TMS bloquea pase si desescolarizado. Integración técnica + sanción a agentes.	Bloqueo automático de >70% de fichajes irregulares.	Mission 89 Global Report (2024)
Safe Sport International	Plataforma externa para reportar violencia.	Ley de Retorno Dignificado: fondo de garantía (1% comisiones agentes) para becas y traslados. Gestionado por FIFPRO + federaciones.	Caída de vulnerabilidad en descarte (del 90% al 20%).	Safe Sport Int. (2023–2025)
Protocolos de los Clubes	Declaraciones de principios y buenas prácticas.	Trazabilidad de Vulnerabilidad: reporte anual auditado de destino y estado emocional de descartados. Sanción federativa por omisión.	Seguimiento del 100% de los descartes sistémicos.	FIFPRO Global Report (2025)
IMPACTO GLOBAL ESTIMADO	Gobernanza declarativa y fragmentada.	Sistema de Integridad Humana: protección vinculada a la operatividad del mercado.	Transformación del fútbol en territorio de bienestar y seguridad integral.	Propuesta (2026).

Fuentes principales: FIFA Guardians Program (2019–2025), Mission 89 Global Report (2024), Safe Sport International (2023–2025), FIFPRO Global Employment Report (2025), UNICEF Innocenti «Children in Sport» (2023).

La prevención efectiva exige controles externos, evaluaciones psicosociales independientes y sistemas de denuncia que no dependan de la misma estructura que puede estar implicada en el daño.

Cuando el control se ejerce desde adentro y sin supervisión, deja de proteger y pasa a encubrir.

También hay una dimensión que sigue siendo la más débil del sistema: el después.

La mayoría de los jóvenes que no llegan al profesionalismo quedan fuera sin acompañamiento educativo, sin seguimiento emocional y sin un plan de reinserción.

Ese descarte no es un efecto colateral. Es parte del modelo.

Fortalecer la prevención implica asumir que el fútbol no termina en el contrato profesional.

Un sistema verdaderamente responsable debería garantizar que ningún chico vuelva a su lugar de origen más vulnerable que cuando se fue. Sin ese compromiso, hablar de formación es una ficción.

La prevención no consiste en evitar escándalos, sino en reducir daños. No se trata de proteger la imagen del fútbol, sino a las personas que lo sostienen desde abajo.

Cuando la integridad física y emocional del menor queda subordinada al valor de mercado de su pase, el problema ya no es deportivo.

Es ético.

Es social.

Y es estructural.

CAPÍTULO VII

FÚTBOL ET CIRCENSES: BALOMPIÉ Y PODER PAN Y CIRCO EN LA TRIBUNA (Y EN LA PANTALLA)

El fútbol no es solo un juego. Es un organismo social que concentra emociones, identidad y poder. Allí donde hay multitudes y pasión compartida, existe margen para la conducción y la anestesia social, y por eso resulta tan atractivo para el poder.

Este capítulo no analiza al fútbol y la política como dos esferas que se cruzan de manera ocasional. Analiza al fútbol como un cuerpo vivo, progresivamente atravesado por distintas formas de poder. Un cuerpo que, cuando enferma, no siempre manifiesta síntomas evidentes. A veces sigue celebrando goles mientras el daño avanza por dentro.

En un barrio cualquiera, un domingo a la tarde, un padre baja la persiana del almacén para ver el partido. La nevera sigue medio vacía, las cuentas sobre la mesa, pero durante noventa minutos el conflicto queda suspendido. No se resuelve, se posterga.

El fútbol no se sana. No cura la herida. La anestesia.

Ese efecto no es casual. Es parte del funcionamiento.

El problema no es que el fútbol genere alivio emocional. Que permita una catarsis aceptable y controlada, localizada en el estadio. El problema es cuando ese alivio se convierte en sustituto permanente del conflicto social no resuelto. Cuando la catarsis reemplaza a la discusión y la emoción ocupa el lugar de la política. Cuando se permite que el poder político se apropie de la emoción y de la identidad.

La pregunta no es si el fútbol es político. Esa discusión está saldada. La pregunta es otra, más incómoda: ¿cómo y para qué se lo utiliza como herramienta de poder y control social?

1. La ficción de la neutralidad: el sistema global y su mirada selectiva

Las grandes instituciones del fútbol internacional se presentan como neutrales. FIFA, UEFA y las confederaciones continentales repiten la apoliticidad del deporte como si se tratara de un principio ético incuestionable.

Esa neutralidad no es ingenua. Es funcional.

Una neutralidad proclamada. Una neutralidad como finalidad y como herramienta.

Esa neutralidad, ¿es ética o es solamente estética?

El fútbol global observa con un solo ojo: el que mide balances, ratings y estabilidad institucional. El otro, que debería advertir violaciones de derechos humanos y desigualdades, a veces permanece cerrado.

No estamos ante ignorancia. Estamos ante selección.

En una sala de conferencias con aire acondicionado se aprueba un informe financiero. En otro continente, trabajadores temporales construyen estadios en condiciones precarias. Ambos hechos pertenecen al mismo evento. Pero solo uno entra en el relato oficial. El otro queda fuera de cuadro.

De un lado, los reglamentos sancionan las manifestaciones políticas, religiosas o ideológicas dentro del campo de juego. Del otro, las máximas autoridades del fútbol internacional justifican la celebración de grandes eventos en contextos con cuestionamientos en materia de derechos humanos, sosteniendo que el deporte puede actuar como motor de mejora o influencia positiva. Ese argumento, aunque se presente como neutral, también es un posicionamiento político.

Desde una mirada sistémica, el mecanismo es reconocible. El síntoma no se niega. Se normaliza. Se relativiza. Se convierte en ruido de fondo. El sistema se convence de que está combatiendo el problema mientras evita interrogar sus causas profundas. Se atenúan las consecuencias y se sigue adelante.

El organismo continúa funcionando, pero acumula daños invisibles. Lesiones que no siempre se ven, pero que son profundas y duraderas.

En este contexto, la neutralidad no es ética.

No es estética.

No es neutra.

No es accidental.

Es anestésica.

2. Pan y circo: de Roma al fútbol global

La expresión *panem et circenses* no era una metáfora cultural. Era una política pública. Una estrategia de gobierno de masas. Pan para el hambre; alimento para el cuerpo. Circo para la distracción; alimento para la mente y el corazón.

Mientras la plebe comía y miraba, callaba; el poder gobernaba sin sobresaltos.

El fútbol contemporáneo actualiza esa lógica con una sofisticación inédita. No solo distrae. Integra emocionalmente. Produce pertenencia. Ofrece una épica compartida que suspende, aunque sea momentáneamente, las fracturas sociales. Produce nación y nacionalismo, encubierto como patriotismo.

Un gol puede unir a millones de personas que no comparten idioma, clase social ni proyecto político. El futbolista deviene gladiador: combate en lugar del aficionado y representa un club y unos valores. Esa potencia no es menor. Tampoco es inocente.

A lo largo de los siglos XX y XXI, el fútbol y los grandes eventos deportivos no solo reflejaron contextos políticos: en muchos casos funcionaron como pantallas de humo.

En el Mundial de Italia 1934, el régimen de Mussolini entendió el fútbol como un instrumento de propaganda nacional.

La organización del torneo, la presión sobre árbitros y la construcción de una narrativa de grandeza italiana fueron parte de una puesta en escena que buscaba legitimar al fascismo ante su población y ante Europa.

Dos años después, Adolf Hitler haría lo propio con las Olimpiadas de Berlín, o la URSS con las Olimpiadas de Moscú en 1980.

En Argentina 1978, mientras se jugaban partidos y se celebraban goles, funcionaban centros clandestinos de detención a pocas cuadras de los estadios. El Mundial no creó la dictadura, pero sí le ofreció una herramienta: mostrar orden, unidad y normalidad en medio del terror. Le concedió el poder de controlar el discurso. Le permitió ejecutar exitosamente lo que hoy denominamos *sportswashing*: emplear la organización de un evento deportivo para lavar la imagen, para ocultar los crímenes de guerra, para anestesiar a la ciudadanía mediante la emoción del fútbol.

El hecho de que se desincentivasen los boicots no es inocente, es político, es legitimación del régimen. El fútbol no tapó los crímenes, pero ayudó a que muchos eligieran no mirarlos.

Décadas después, el patrón se repitió con otros contextos políticos. Rusia 2018 proyectó una imagen de modernidad y apertura que contrastaba con la represión interna y la política exterior agresiva del Kremlin.

Qatar 2022 hizo del fútbol una vitrina global para un modelo de desarrollo construido sobre sospechas de graves casos de explotación laboral de migrantes.

En todos los casos, el mecanismo fue similar: el fútbol funcionó como escenografía de normalidad mientras el daño avanzaba fuera del plano visible. Invisibilizado por el discurso deportivo, ignorado por el público por estrategia política.

Hoy el mecanismo no desapareció. Se perfeccionó.

3. *Sportswashing*: la cirugía estética del poder

El *sportswashing* va mucho más allá de ser una estrategia de marketing. Es una intervención quirúrgica sobre la imagen del poder.

Estados con déficits democráticos, denuncias por violaciones de derechos humanos o conflictos geopolíticos utilizan el fútbol para construir un relato alternativo: modernidad, orden, éxito, futuro.

No se corrige la patología. Se disimula el síntoma.

No cambian sus políticas. Legitiman su existencia.

Generan la ilusión de evolución. Dominan el relato. Atraen buena prensa. Obtienen beneficios.

Qatar 2022 es el caso paradigmático. Una inversión estimada en más de 220.000 millones de dólares para organizar un Mundial en el desierto. Estadios futuristas, tecnología punta, un espectáculo impecable[39].

En paralelo, organismos como Amnesty International y Human Rights Watch documentaron miles de muertes de trabajadores migrantes. Las estimaciones rondan las 6.500 entre 2010 y 2022.

El problema no se resolvió.

Se encubrió con espectáculo.

---

39   Informe Financiero y Costo de Qatar 2022.   Disponible en: https://www.infobae.com/economia/2022/12/17/los-numeros-del-mundial-mascaro-de-la-historia-costos-y-sombras-de-qatar-2022/

Se legitimó por la connivencia de instituciones, políticos, deportistas y aficionados.

Arabia Saudita no solo tomó nota del modelo. Lo profundizó. Lo volvió política de Estado.

A través del Fondo de Inversión Pública (PIF), el Estado saudí invirtió más de 10.000 millones de dólares en fútbol y deportes asociados entre 2021 y 2025. No como sponsor ocasional, sino como arquitecto del relato[40].

El PIF no actúa como un actor deportivo tradicional. Opera como un dispositivo estratégico de legitimación global. Como un sistema de control y poder blando. Cada inversión sigue una lógica precisa: visibilidad sostenida, asociación emocional positiva y ocupación simbólica del espacio futbolístico internacional.

El objetivo no es ganar partidos. Es normalizar una imagen. Es generar discursos positivos. Es dominar el relato, dominar el tablero del poder.

La adquisición total del Newcastle United en 2021 marcó un punto de inflexión. No se trató solo de comprar un club histórico de la Premier League, sino de absorber su capital emocional.

El crecimiento deportivo, la expansión comercial y el reciente ascenso del equipo femenino a la Championship funcionan como indicadores visibles de un proyecto 'virtuoso'. El club mejora. El relato mejora. El inversor también.

En paralelo, el Fondo de Inversión Pública saudí impulsa la Visión 2030 a través de una infraestructura futbolística de escala inédita. Los estadios proyectados para el Mundial 2034 funcionan como piezas centrales de esa estrategia.

---

40   PIF Annual Report 2024, sección sobre inversiones deportivas. Disponible en: www.pif.gov.sa/en/investors/annual-reports/

La candidatura fue aprobada de forma preliminar por la FIFA en 2025, pese a las críticas persistentes de organizaciones de derechos humanos[41].

Algunos proyectos son simbólicos por sí mismos: el estadio integrado a THE LINE, el Estadio ROSHN y otras intervenciones arquitectónicas que convierten al fútbol en una vitrina del nuevo Estado saudí.

El mensaje no es deportivo.

Es civilizatorio.

Además, alianzas estratégicas cuidadosamente seleccionadas refuerzan esta lógica. Riyadh Air, empresa controlada por el PIF, firmó un acuerdo de derechos de nombre por nueve años con el Atlético de Madrid, rebautizando su estadio como 'Riyadh Air Metropolitano'.

En el mismo contexto español, el haber llevado la Supercopa a este país, también forma parte de esta estrategia de expansión y control mediante la celebración de eventos deportivos relevantes. Aunque, en este caso, hubo controversias, estas no se dirigieron a Arabia Saudí, sino a los dirigentes de la Federación Española que suscribieron los contratos. Se supone que estos acuerdos llevaban aparejados una serie de mejoras en la situación de la mujer en el fútbol. Se desconoce hasta qué punto se hicieron efectivas estas mejoras.

El club sigue siendo el mismo, pero cambia el paisaje simbólico: cada transmisión, cada entrada, cada mención reproduce la asociación.

La lógica se completa con acuerdos multilaterales, como la asociación con la Confederación de Fútbol de América del Norte, Centroamérica y el Caribe (CONCACAF) para el desarrollo del fútbol en Norte y Centroamérica.

---

41   Human Rights Watch. (2025). Saudi Arabia Country Report 2025. Disponible en: https://www.hrw.org/world-report/2025/country-chapters/saudi-arabia

No es solamente expansión deportiva.

Es diplomacia blanda.

En este esquema, el fútbol deja de ser un fin. Se convierte en una interfaz. Una forma de presencia permanente, emocionalmente aceptada, allí donde el discurso político directo encontraría resistencia. Una herramienta al servicio de intereses no deportivos, un discurso de alienación emocional.

No es filantropía deportiva.

Es legitimación política.

Rusia 2018 cumplió una función similar. Mientras el Mundial proyectaba orden, hospitalidad y normalidad institucional, el escenario geopolítico real mostraba otra cosa: la consolidación de la anexión de Crimea y el endurecimiento del autoritarismo interno.

Aunque no debemos olvidar que se trató de prohibir que futbolistas rusos compitieran fuera de sus países. Y que en algunas ocasiones sufrieron boicots durante los partidos.

El fútbol no negó el conflicto. Lo anestesió. Lo escondió. Lo romantizó.

El patrón es reconocible. Inversión masiva, relato épico, saturación emocional.

El conflicto no desaparece. Se vuelve invisible.

Como en toda cirugía estética, el objetivo no es curar. Es que la cicatriz no se vea.

4. Emoción colectiva y obediencia blanda: cuando sentir reemplaza a pensar

El control contemporáneo rara vez se ejerce por coerción directa. Se ejerce por gestión emocional. Es global, no individual. Se controla a la masa emotiva, no al individuo racional.

El fútbol ofrece una experiencia intensa, repetitiva y socialmente validada. En contextos de crisis prolongada, esa experiencia funciona como válvula de escape estable. No estalla. Drena. Es un conflicto metafórico que comienza y termina en noventa minutos. Que sustituye putativamente a la guerra.

La obediencia que se construye aquí no nace del miedo, sino de la identificación. No se impone. Se comparte.

Desde la criminología, este fenómeno se vincula con formas de control informal. No castiga. Seduce. No reprime; expresa. No oprime; se rebela. Crea identidad, crea historia, genera interdependencia. Organiza la atención colectiva hacia territorios emocionalmente seguros. Disuelve la responsabilidad individual en la mentalidad de masa. Crea vulnerabilidades[42] y riesgos[43].

El conflicto no desaparece. Pierde centralidad.

---

42   Adolescentes y adultos pueden terminar vinculando con grupos ultras merced de la necesidad de pertenencia y de seguridad.

43   Violencia física, violencia verbal, racismo. Son ejemplos de riesgos que se generan en el estadio cuando el individuo pierde su autocontrol imbuido en la impunidad de la pertenencia a un grupo.

5. La política en el fútbol cotidiano

La relación entre política y fútbol no se limita a los grandes eventos. También se manifiesta en la gestión cotidiana, en los conflictos judiciales y en los escándalos mediáticos que atraviesan al deporte.

En España, el caso Dani Alves desató no solo un debate judicial y social, sino también intervenciones políticas explícitas. Dirigentes utilizaron el caso para posicionarse discursivamente sobre feminismo, justicia o presunción de inocencia, muchas veces sin comprender la lógica procesal, pero aprovechando el impacto simbólico del futbolista y la sensibilidad social que el fútbol genera.

Algo similar ocurrió con el caso Rubiales. La presión política no se limitó a acompañar el proceso institucional: lo aceleró, lo condicionó y lo transformó en un escenario de disputa entre periodistas, partidos, gobiernos y organismos deportivos. El conflicto dejó de ser exclusivamente federativo y judicial, y pasó a funcionar como una batalla política con alto rédito simbólico.

En Iberoamérica, los ejemplos son recurrentes. En Argentina y México, futbolistas investigados judicialmente fueron defendidos o atacados por funcionarios según conveniencia política, exposición mediática o alineamiento con determinados públicos. La justicia se volvió escenario. El fútbol, amplificador.

En Argentina, la propuesta de Javier Milei de convertir los clubes en Sociedades Anónimas Deportivas ilustra otra forma de injerencia. No se trata de reaccionar ante un escándalo puntual, sino de intervenir sobre la estructura misma del fútbol, presentando una lógica liberal y mercantil como solución a la crisis institucional de la AFA y los clubes.

La iniciativa genera una fuerte resistencia de hinchas y dirigentes que ven en ella no solo un cambio de gestión, sino una amenaza a la identidad social del deporte.

Cuando órganos estatales influyen sobre federaciones, o cuando los tiempos judiciales se subordinan al calendario político, el deporte pierde autonomía. Y cuando el castigo o la defensa dependen del costo mediático, la política también pierde transparencia.

Cuando la política deportiva deviene políticos contra futbolistas u organismos futbolísticos, pierde el fútbol; perdemos los aficionados; ganan los políticos.

6. Pan y circo digital: la anestesia que no se apaga

El pan y circo clásico tenía un límite: terminaba cuando se apagaban las luces del espectáculo.

El actual no.

Hoy el fútbol no se consume solo en la cancha ni durante noventa minutos. Se extiende, se replica y se intensifica en el espacio digital. El algoritmo se convirtió en el nuevo anfiteatro.

Goles repetidos hasta el agotamiento. Polémicas amplificadas. Ídolos convertidos en contenido permanente. Según datos de FIFA y Meta, los grandes eventos futbolísticos generan picos de *engagement* superiores a cualquier otro fenómeno cultural global. Millones de interacciones por hora.

Desde una lógica de poder, el efecto es claro: **ocupación total de la atención**.

No se censura el conflicto. Se lo ahoga bajo capas sucesivas de estímulo emocional. Se enfoca la atención hacia lo que el poder desea: amarillismo, racismo, violencia, corrupción. Se genera un discurso amplificado en medios y redes sociales. Se inventan conflictos para distraer.

En la pantalla, todo convive en el mismo plano: una denuncia por derechos humanos, un penal discutido, un meme viral. La jerarquía moral se aplana.

Los abusos se denuncian, pero no producen consecuencias proporcionales. El sistema sigue funcionando. Porque las meras palabras o los simples gestos, no resuelven los problemas. Generan sensación de resolución. Ofrecen la ilusión de estar haciendo algo.

La forma más eficaz de obediencia contemporánea no es la del miedo.

Es la del cansancio. Es la de la saturación: emocional, psicológica, ideológica, cultural.

El cuerpo social no está sometido. Está exhausto. Está distraído. El sistema queda legitimado. El fútbol y los discursos que sobre él se generan son sistema, reproducen sistema.

7. El fútbol como constructor de identidades: modelos, símbolos y aprendizaje

El fútbol no solo refleja identidades. Las produce.

Ídolos deportivos funcionan como modelos de conducta. Sus gestos, palabras y silencios generan sentido, especialmente en adolescentes.

Federaciones aseguran proteger la esencia y los valores del fútbol patrio.

Clubes aseguran representar a comunidades, con sus respectivos valores, idiosincrasias, estilos e historia compartida.

Producen y reproducen identidades. Modelos de comportamiento aceptables y aceptados. Pertenencia e interdependencia. Símbolos y simbología: la exaltación del escudo, la pertinencia del ritual y del cántico de animación, inclusión o exclusión, seguridad o peligro. Poder y control informal.

Desde las teorías del aprendizaje social, esto es central: los comportamientos se incorporan por observación. Y se afianzan por imitación. Finalmente, se legitiman, por costumbre y por necesidad.

Cuando la estructura del fútbol relativiza transgresiones en nombre de la pasión, el mensaje se internaliza y se naturaliza sin resistencia. Esto da poder a quienes controlan estos espacios, a quienes dictan las narrativas.

8. Instrumentalización de las barras: el órgano que el sistema no quiere extirpar

Las barras bravas no son un error del sistema. Son una función.

Persisten porque controlan territorio, administran violencia y movilizan apoyos. Son una tercerización informal del control social al que las instituciones han renunciado.

Existen y se expanden porque el sistema no solamente las tolera, sino que las necesita. Buen ejemplo de ello es el controvertido Javier Milei, quien permitió que miembros de algunas barras ejercieran como escolta[44] o participasen en manifestaciones sin reprimirlas, mientras aseguraba que iba a promover legislación para acabar con las barrabravas y su violencia[45].

Extirparlas sin modificar la arquitectura que las produce es clínicamente imposible. El cuerpo las volvería a generar. Porque, ante la anomia de las normas formales, siempre aparecen reglas informalmente instituidas que se adaptan a la realidad y permiten gestionarla.

---

44   Lázaro, A (4 de septiembre de 2025). «Identificaron a los barrabravas encargados de la seguridad en el acto de Milei». CodigoBAIRES. Disponible en https://www.codigobaires.com.ar/2025-09-04/identificaron-a-los-barrabravas-encargados-de-la-seguridad-en-el-acto-de-milei-243669/

45   Agencia EFE (17 de marzo de 2025). «Milei pone en marcha la ley para poner freno a los 'barrabravas' en Argentina». Disponible en: https://www.relevo.com/fútbol/liga-argentina/milei-pone-marcha-poner-freno-20250317222650-nt.html

9. Fútbol, resistencia y fisuras: cuando la anestesia falla

El control nunca es absoluto. Toda anestesia deja momentos de lucidez.

Existen usos del fútbol que no anestesian, sino que organizan comunidad: programas barriales, campañas antirracismo, proyectos de prevención del delito. Allí donde el fútbol se gestiona desde abajo, puede convertirse en herramienta de integración real.

La neutralidad del deporte no es natural.

La diferencia no está en el deporte.

Está en quién lo controla y con qué fines.

El fútbol no es neutral.

Puede ser anestesia o puede ser lenguaje.

Puede legitimar el poder o interpelarlo.

Puede ser político o devenir política.

Puede ser politizado o liberador.

Cuando funciona como pan y circo, analógico o digital, distrae y normaliza.

Cuando se reapropia socialmente, puede unir y transformar.

Si el capítulo anterior mostró cuerpos explotados, este muestra conciencias administradas.

Cuando el fútbol deja de anestesiar y empieza a interpelar, comienza la verdadera historia.

«La próxima jugada está en tus manos; ¿estás listo para mirar?».

CAPÍTULO VIII

FÚTBOL FEMENINO: CRECIMIENTO, PODER Y VULNERABILIDAD

1. Crecer más rápido que las reglas

El fútbol femenino no es un apéndice del masculino. No es una rama tardía ni una concesión progresista del sistema. Es un espacio propio que crece a una velocidad inédita dentro de estructuras que todavía no aprendieron a acompañarlo.

Ese crecimiento es medible. Ese crecimiento, sin embargo, no fue homogéneo ni lineal.

En Estados Unidos, el fútbol femenino se consolidó desde la década de 1980 como un deporte socialmente aceptado, incluso más practicado por mujeres que por varones. Pero ese desarrollo no estuvo exento de crisis. Tres ligas profesionales femeninas colapsaron cuando se intentó vender el fútbol femenino como un producto inmediato, sin un proyecto estructural que lo sostuviera en el tiempo.

En gran parte de Europa continental, en cambio, el recorrido fue distinto. Durante buena parte del siglo XX, el fútbol femenino estuvo prohibido, marginado o relegado a la clandestinidad.

En algunos contextos, incluso fue utilizado de manera instrumental como gesto propagandístico: mujeres jugando al fútbol mientras otros conflictos sociales y políticos ocupaban el trasfondo.

Estas trayectorias dispares explican por qué el crecimiento actual no puede leerse como un fenómeno uniforme ni plenamente consolidado. La audiencia aumentó, sí, pero sobre todo en aquellos contextos donde se pensó al fútbol femenino como un proyecto social y deportivo, y no solo como un producto difícil de vender de manera artificial.

Entre 2019 y 2025, las audiencias globales del fútbol femenino se triplicaron. Las inversiones comerciales aumentaron de forma sostenida[46]. Se profesionalizaron ligas, se formalizaron contratos y la visibilidad mediática dejó de ser una excepción. El fútbol femenino salió de la periferia y entró en el centro del tablero deportivo.

Y cuando algo entra en el centro, también entra en disputa.

El problema no es el crecimiento. El problema es crecer más rápido que la capacidad institucional para regular, cuidar y controlar.

En otros deportes, la protección llegó antes que la masividad.

En el fútbol femenino, la masividad llegó primero. Y la protección todavía corre detrás. No por desinterés absoluto, sino por inercia, lentitud y resistencia estructural. El fútbol femenino atrae recursos, pero también atrae intereses.

Y no todos son benignos.

Este capítulo no propone una lectura épica ni celebratoria. Tampoco una mirada victimista. Analiza al fútbol femenino como un sistema en formación, atravesado por tensiones reales. No para alarmar, sino para explicar. No para condenar, sino para prevenir.

---

46   FIFA (2025). *Women's Football Development Report 2019–2025*. Informe global sobre el crecimiento y profesionalización del fútbol femenino. Disponible en: fifa.com/womensfootball

2. Génesis: de la invisibilidad a la exposición

Durante gran parte del siglo XX, el fútbol femenino fue empujado a los márgenes. No por falta de jugadoras, talento o público potencial, sino por decisiones políticas, culturales y económicas. Fue invisibilizado, ridiculizado o directamente prohibido.

La exclusión no fue accidental. Fue sistemática.

Esa invisibilidad tuvo costos evidentes: ausencia de derechos laborales, precariedad estructural, escaso desarrollo deportivo. Pero también produjo una paradoja incómoda. La marginalidad funcionaba, en parte, como una barrera frente a dinámicas de poder más sofisticadas. Había menos recursos, pero también menos dispositivos de control.

La entrada al sistema lo cambió todo.

La profesionalización abrió puertas necesarias: reconocimiento institucional, salarios, contratos, infraestructura, visibilidad mediática. Pero también expuso a las jugadoras a estructuras diseñadas históricamente para otros cuerpos, otros recorridos y otras relaciones de poder.

El pasaje de la clandestinidad a la visibilidad fue abrupto. No fue gradual.

Y no estuvo acompañado por una transformación profunda del sistema.

El fútbol incorporó a las mujeres sin revisarse a sí mismo.

Por eso muchas de las vulnerabilidades actuales no nacen del fútbol femenino, sino del modo en que fue incorporado. El problema no es quiénes ingresaron al sistema, sino en qué sistema ingresaron.

3. Sexismo estructural: un defecto de diseño

El sexismo en el fútbol no es solo una actitud cultural. Es un defecto de diseño.

Las federaciones, los clubes y los espacios de decisión se construyeron bajo una lógica masculina, jerárquica y vertical. Cuando las mujeres ingresan, lo hacen sin que esa arquitectura se modifique de manera sustantiva.

No hay neutralidad. Hay inercia.

Esa inercia tiene consecuencias concretas. En 2025, más del 60 por ciento de las jugadoras profesionales a nivel mundial no contaba con contratos de dedicación exclusiva[47].

Muchas combinaban el alto rendimiento con trabajos informales o estudios sin apoyo institucional.

La precariedad no es una anomalía. Es la norma. Se expresa en contratos firmados sin asesoramiento legal. En planteles que entrenan en horarios marginales o en canchas secundarias. En vestuarios improvisados, sin condiciones mínimas de intimidad, higiene o seguridad. En cuerpos técnicos incompletos y ausencia de protocolos claros.

Desde afuera, el sistema parece funcionar. Desde adentro, se siente frágil.

La dependencia económica extrema de entrenadores o dirigentes no es un detalle administrativo. Es una condición de riesgo. Cuando una carrera deportiva depende de una sola decisión, el margen para resistir abusos se reduce drásticamente. El silencio deja de ser una elección y se convierte en una estrategia de supervivencia.

---

47   FIFPRO (2025). «La precaria realidad del calendario y contratos en el fútbol femenino». Informe sobre la inestabilidad laboral en la élite global. Disponible en: fifpro.org

Las zonas grises son zonas de riesgo. Y aquí no son accidentales. Persisten porque cumplen una función: conservar el control sin asumir responsabilidades.

Hablar de omisión no absuelve al sistema. Cuando una falla es conocida, reiterada y funcional, deja de ser descuido y se transforma en responsabilidad estructural.

4. Ideología y gestión: cuando el discurso no alcanza

El crecimiento del fútbol femenino estuvo acompañado por una fuerte carga ideológica. En muchos casos, necesaria. En otros, insuficiente.

El feminismo institucional logró visibilizar desigualdades históricas y empujar cambios reales. Sin ese impulso, gran parte de la agenda actual no existiría. Pero el problema aparece cuando el discurso ocupa el lugar de la gestión.

Nombrar un problema no lo resuelve.

El abuso no se previene con consignas. Se previene con controles. Con protocolos claros. Con supervisión independiente. Con consecuencias reales.

Cuando eso no ocurre, el discurso tranquiliza. Reduce la urgencia. Da la sensación de avance mientras las estructuras profundas permanecen intactas.

El desafío no es ideológico. Es institucional.

El desafío también es social. Porque la carga ideológica del fútbol femenino, así como la significación de muchas de las futbolistas, ha generado una reacción dispar: del apoyo incondicional de sus seguidores, al rechazo visceral por parte de ciertos sectores sociales. Los sectores a los que nos referimos son aquellas personas politizadas en el espectro político contrario, y buena parte de las juventudes que han crecido rodeados de políticas feministas. Y esto no es casual. Es algo que se fomenta por políticos y personajes influyentes. Lo aceptamos y lo reproducimos. Una suerte de enfrentamiento cultural simbólico. Es un contexto de vulnerabilidad: si una futbolista se significa, es vituperada por algunos; si no se significa, puede ser criticada por aficionados y compañeras. Cuando una futbolista denuncia, recibe tantas críticas como aplausos. Cuando no levanta la voz, también. Referentes... ¿o 'niñas malcriadas' que por todo se quejan?

La ideologización y el feminismo han tenido efectos positivos palpables en el desarrollo del fútbol femenino. Pero desatender las controversias y los contextos de riesgo que nacen de la denominada 'batalla cultural' en el fútbol femenino es ignorar una vulnerabilidad, un factor de riesgo criminógeno. La sociedad debe hablar, la sociedad debe actuar.

5. Abusos y violencia: cuando el sistema falla

Los casos de abuso en el fútbol femenino no son episodios aislados. Son señales. No responden solo a individuos desviados, sino a contextos donde el poder se concentra, la dependencia es alta y los controles son débiles.

Cuando una misma figura decide convocatorias, contratos, continuidad deportiva y proyección internacional, el sistema deja de ser profesional y se vuelve personalista.

Y cuando el poder se personaliza, la frontera entre autoridad y abuso se vuelve frágil.

El error institucional más frecuente es tratar cada caso como una excepción. Como un hecho aislado que no compromete al conjunto. Esa lectura protege a la estructura, pero expone a las personas.

Sancionar individuos es necesario, pero insuficiente. Si el contexto no cambia, el problema reaparece con otros nombres.

Por eso muchas transformaciones nacen desde abajo. Jugadoras que se organizan. Cuerpos técnicos que exigen reglas claras. Comunidades deportivas que ya no naturalizan el silencio.

En muchas estructuras formativas, el abuso no aparece como una escena violenta ni como un hecho abrupto. Aparece como rutina. Como espera. Como dependencia prolongada.

El mensaje no está escrito en ningún reglamento, pero circula con claridad: hablar o denunciar tiene costos.

En otros casos, las denuncias emergen años después, cuando la carrera ya terminó o quedó truncada. No es valentía tardía. Es recién entonces que el riesgo desaparece. Mientras la dependencia existe, el silencio funciona como mecanismo de autoprotección.

Este patrón se repite en distintos países y niveles competitivos. Cambian los nombres de los clubes, los idiomas, las ligas. La lógica es la misma: concentración de poder, precariedad contractual y ausencia de controles externos.

No se trata solo de personas que abusan, sino de sistemas que permiten que el abuso sea posible, previsible y, durante largos períodos, invisible.

Criminológicamente, esto no es una anomalía. Es una consecuencia lógica de contextos donde el poder no tiene contrapesos y la carrera depende de una sola decisión. El abuso no irrumpe. Se filtra. Y cuando finalmente se nombra, ya dejó marcas profundas.

6. Cuando el sistema sí cuida

No todo el fútbol femenino reproduce estas lógicas. Y decirlo no es ingenuidad: es precisión analítica.

Existen experiencias donde el crecimiento fue acompañado, desde el inicio, por reglas claras. Ligas comunitarias, clubes barriales y proyectos autogestionados donde la prioridad no fue la visibilidad mediática, sino el cuidado de las jugadoras. Allí, antes de hablar de marketing, se habló de contratos. Antes de pensar en audiencias, se pensó en protocolos. Antes de celebrar el crecimiento, se establecieron límites.

Estas experiencias suelen ser más pequeñas. Menos glamorosas. Menos visibles. Pero muestran algo fundamental: el problema no es el fútbol femenino. Es cómo se lo gobierna.

El contraste con otros deportes es ilustrativo. En disciplinas como el hockey, el básquet o el rugby femenino, los procesos de profesionalización fueron más lentos, pero también más ordenados. Hubo menos personalismo y más institucionalidad. Menos dependencia de figuras individuales y más reglas compartidas.

No es que allí no existan conflictos o tensiones. Existen. Pero el diseño reduce la vulnerabilidad. El poder se distribuye. El margen para el abuso se achica.

Estas experiencias no son modelos ideales ni soluciones mágicas. Son pruebas de concepto. Demuestran que otra arquitectura es posible. Que el crecimiento no necesita apoyarse en la precariedad. Que se puede construir competencia sin sacrificar cuidado.

Incorporarlas al análisis no busca romantizar al fútbol femenino, sino algo más importante: mostrar que el problema no es inevitable. Cuando las reglas llegan antes que el negocio, el sistema protege mejor. Cuando el negocio llega primero, el daño aparece más temprano.

7. Profesionalizar sin repetir errores: una oportunidad todavía abierta

El fútbol femenino atraviesa una etapa decisiva. Todavía puede elegir qué tipo de espacio quiere ser.

Profesionalizar no es solo invertir dinero. Es construir reglas claras, mecanismos de control independientes y límites no negociables. Es garantizar que el crecimiento no se apoye en la precariedad ni en el sacrificio silencioso.

Algo se está haciendo. Existen protocolos, programas de protección, avances sindicales y mayor visibilidad de las denuncias. Pero el ritmo es lento y desparejo. Más lento que el crecimiento del propio fútbol femenino. Más lento que en otros deportes que incorporaron protección antes de masificarse.

En España y en gran parte de Iberoamérica, uno de los principales problemas del fútbol femenino es la ausencia de proyectos de largo plazo. Se lo concibe como un producto que debe rendir de inmediato, y no como un proceso que requiere tiempo, inversión sostenida y reglas estables. Esa lógica de urgencia no es neutra. Genera precariedad, dependencia y contextos inseguros.

La gran oportunidad del fútbol femenino es no repetir los errores del masculino.

No naturalizar la violencia. No romantizar el abuso. No confundir pasión con impunidad.

Todavía hay margen para prevenir.

Todavía hay margen para corregir.

Los sistemas jóvenes pueden ajustarse a tiempo. Los sistemas consolidados suelen llegar tarde.

Informes recientes, como los desarrollados por el proyecto europeo *Child Abuse in Sport: European Statistics (CASES)*, permitieron ordenar y comparar este tipo de vulnerabilidades en distintos contextos deportivos.

Al aplicar el mismo instrumento de análisis en varios países, estos estudios mostraron que ciertos factores se repiten con una regularidad inquietante: estructuras inestables, concentración excesiva de poder en figuras adultas, dependencia económica prolongada y ausencia de controles externos efectivos.

Tabla 8.1 Vulnerabilidades del fútbol femenino y respuestas posibles

Vulnerabilidad	Descripción	Respuesta propuesta	Estado actual
Sexismo estructural	Contratos precarios, infraestructura inadecuada	Auditorías independientes y protocolos de género	Parcial (UEFA/FIFA códigos éticos)
Abusos de poder	Concentración de decisiones, silencio institucional	Comités éticos externos con sanción	En proceso (FIFA Guardians ampliado)
Ideología como sedante	Narrativa sin control efectivo	Prevención basada en controles reales	Pendiente
Profesionalización sin defensas	Crecimiento sin regulación proporcional	Salarios mínimos y monitoreo	En desarrollo (FIFPRO 2025)

Fuentes: FIFPRO 2025; UEFA y FIFA informes; Human Rights Watch 2025.

El fútbol femenino no es el problema. Es el lugar donde el problema todavía puede resolverse.

Crecer sin reglas debilita cualquier sistema.

Crecer con controles lo fortalece.

El fútbol femenino aún está a tiempo. Pero el tiempo no se detiene para esperar a las instituciones.

CAPÍTULO IX

XENOFOBIA Y RACISMO EN EL FÚTBOL: LA PIEL CONTRA EL SISTEMA

El fútbol mueve multitudes, pero también tiene la capacidad de herir de muerte la dignidad de quienes lo juegan. El racismo y la xenofobia no son anécdotas de tribuna ni exabruptos aislados. Son fenómenos persistentes que transforman un espacio pensado para la inclusión en un escenario donde el odio encuentra permiso. Esta es la doble cara del gol. La misma euforia que une naciones puede ser utilizada para segregar y deshumanizar.

Según el informe de *Kick It Out* de agosto de 2025, la última temporada registró un récord de 1.398 reportes de discriminación, con un aumento del cinco por ciento respecto del ciclo anterior[48].

No son cifras abstractas. Son 1.398 momentos en los que el juego dejó de ser juego para convertirse en una emboscada emocional. Allí donde se grita un gol, a veces se ahoga la dignidad. El fenómeno no es estático.

No estamos ante una desviación puntual, sino ante una patología social que utiliza el estadio como megáfono.

---

48   Kick It Out (agosto 2025). «Discrimination Reporting Report 2024/25». Disponible en: www.kickitout.org.

1. Contexto e historia del fenómeno

El racismo en el fútbol no nació con las redes sociales. Es una herida histórica que se arrastra desde el siglo XIX. En sus orígenes, el deporte fue un dispositivo de identidad. No solo organizaba equipos, también organizaba pertenencias. El fútbol creció al amparo del nacionalismo europeo y la expansión colonial, cargando consigo la idea de que unos hombres eran superiores a otros. Quién era de los nuestros y quién no se definía, muchas veces, por el color de la piel o el lugar de nacimiento.

Los estadios se convirtieron en laboratorios de exclusión. Durante décadas, el campo de juego fue un territorio condicionado. Jugadores como Viv Anderson, primer futbolista negro en vestir la camiseta de Inglaterra en 1978, no solo competían contra rivales. Competían contra un sistema que los toleraba mientras rendían y los castigaba cuando destacaban. Anderson relató en varias entrevistas cómo desde la grada le arrojaban frutas. No eran proyectiles. Eran mensajes: «No perteneces».

Ese patrón no desapareció. Mutó. Hoy, las tensiones geopolíticas, las crisis económicas y los discursos identitarios reactualizan resentimientos antiguos. El estadio no crea el odio, pero le otorga un permiso social difícil de encontrar en otros espacios. En la multitud, el individuo diluye su responsabilidad. La ética personal se disuelve en el rugido colectivo. El público se vuelve masa.

Desde la criminología social, este proceso se explica por la desindividualización. El sujeto deja de percibirse como autor de sus actos. Se siente parte de una masa que legitima la agresión. Alguien que jamás insultaría a un vecino cara a cara se siente habilitado cuando diez mil personas gritan lo mismo a su lado. El grupo no solo amplifica la voz. Suspende el freno moral.

2. Cuando el daño se vuelve cuerpo: una micro-escena necesaria

El partido terminó. El jugador entra al vestuario con la cabeza baja. No por el resultado. Por el ruido. Se sienta, abre el celular. Notificaciones sin fin. Insultos repetidos. Emojis de animales. Mensajes privados que no distinguen persona de objeto. Afuera, el estadio se vacía. Adentro, el ataque continúa.

No hay gritos ahora. Hay silencio. Un silencio espeso, difícil de compartir incluso con los compañeros. El cuerpo técnico habla de táctica. El utillero ordena camisetas. Nadie menciona lo ocurrido. No por maldad. Por incomodidad. El mensaje implícito es claro. Mejor seguir. No hacer ruido. No agrandar el problema.

Ese silencio no es neutral. Es parte del daño. Es control social informal.

El racismo se vuelve verdaderamente comprensible cuando deja de ser concepto y se convierte en experiencia vivida. No es una palabra al aire. Es una agresión directa a la médula de la identidad. El insulto racial no ataca una acción. Ataca lo que se es. Y cuando eso ocurre frente a miles, el impacto no termina con el pitido final.

3. Casos y reivindicaciones

El caso de Vinícius Jr. se convirtió en uno de los símbolos más crudos de esta década. En 2023, en Mestalla, el estadio del Valencia CF, el silbido de la multitud mutó en gritos de «¡Mono!» mientras sostenía el balón. El árbitro detuvo el partido y Vinícius señaló a sus agresores, pero nada logró borrar el eco de esos insultos. Aquel episodio fue el primer aviso de una violencia que no entiende de límites ni de advertencias.

Tres años después, en enero de 2026, en Albacete, la escena se repitió. Objetos arrojados durante la celebración y cánticos destinados a degradar, otra vez, a una persona hasta reducirla a una condición animal. El mensaje era claro: el éxito no protege, expone.

Un mes más tarde, el conflicto escaló al escenario más visible del fútbol europeo. El 17 de febrero de 2026, durante el partido entre Benfica y Real Madrid por la Champions League, Vinícius denunció ante el árbitro un insulto racista atribuido a Gianluca Prestianni. Se activó el protocolo antirracismo de la UEFA y el encuentro se detuvo durante varios minutos. Al no poder verificarse el hecho en ese momento, el partido continuó.

Tras el encuentro, Prestianni negó públicamente la acusación y su club lo respaldó. Días después, la UEFA abrió una investigación formal y dispuso una suspensión provisional mientras el expediente avanzaba.

Este episodio marcó una diferencia respecto de antecedentes anteriores. La reacción institucional fue inmediata, incluso antes de una verificación concluyente. Quedó en evidencia una asimetría difícil de ignorar: en el fútbol contemporáneo no todas las voces tienen el mismo peso ni cuentan con igual respaldo simbólico. El poder mediático y deportivo de los clubes implicados también incide en la magnitud de la respuesta.

Mientras la UEFA investiga, existe otro tribunal donde el veredicto es instantáneo: las redes sociales. En cuestión de minutos, el nombre de Prestianni quedó asociado globalmente a una acusación de racismo. Aunque la resolución disciplinaria aún no se conozca, el rastro digital ya está instalado. Los titulares circulan, los buscadores indexan. Es una sanción anticipada, no jurídica pero sí reputacional, y muchas veces más difícil de revertir que una suspensión deportiva. En ese plano, medios y redes no solo informan: también configuran un relato cuyos efectos impactan en todo el ecosistema del fútbol.

A esta violencia visible se suma un ataque menos ruidoso, pero constante. En noviembre de 2025, un informe del Observatorio Español del Racismo y la Xenofobia (Oberaxe) reveló una realidad demoledora. Gracias al sistema de inteligencia artificial FARO, en España se detectaron más de 33.000 contenidos de odio en una sola temporada. Lamine Yamal concentró el 60 % de los ataques racistas en redes sociales, el doble que Vinícius[49].

La paradoja es cruel. A las puertas del Mundial 2026, mientras España celebra a uno de los talentos más prometedores del planeta, el discurso de odio intenta 'devolverlo' a un origen que considera inferior. No importa que sea español ni que encarne la esperanza de la Selección. Para el agresor, sigue siendo el 'moro' al que piden 'echar en patera'.

Este acoso ya no necesita la cercanía de la tribuna. Viaja en el bolsillo del jugador, irrumpe en su teléfono y profana su intimidad a cualquier hora del día. Es una agresión asincrónica que las plataformas digitales apenas logran contener.

El mecanismo, sin embargo, no depende solo del éxito. Cuando el resultado se vuelve derrota, el castigo se intensifica. Tras la final perdida por Inglaterra, Bukayo Saka y Marcus Rashford fueron blanco de campañas de insultos racistas que se extendieron durante semanas.

Allí se revela el contrato implícito y cruel del sistema: mientras ganás, pertenecés; cuando errás, volvés a ser extranjero. En ese contexto, cada gesto de denuncia pública, cada señalamiento al agresor o cada negativa a continuar jugando no es un acto simbólico: es la ruptura explícita de un contrato histórico que exigía silencio a cambio de pertenencia.

Por eso, las reivindicaciones de los jugadores ya no son gestos de cortesía. Señalar al agresor y negarse a normalizar la humillación es un acto de supervivencia. Durante décadas, el sistema exigió silencio a cambio de una carrera[50]. Hoy, una generación de

---

49   Oberaxe / LaLiga (2025). Informe sobre el discurso de odio en el fútbol español. Datos del sistema FARO: Lamine Yamal (60 %) y Vinícius Jr. (29 %) concentran el grueso de los ataques detectados.

50   Grandes futbolistas, como Zidane o Cantona, tras recibir insultos de corte racista, reaccionaron golpeando a quienes los profirieron. Ambos fueron

futbolistas decidió no pagar más ese precio, convencida de que proteger la dignidad es la única forma de salvar el deporte.

4. El impacto psicológico sostenido

El racismo no solo duele. Deja marcas duraderas. Desde una perspectiva clínica, los jugadores expuestos de forma reiterada desarrollan estados de hipervigilancia, ansiedad anticipatoria y aislamiento progresivo. Jugar deja de ser un espacio de disfrute para convertirse en un escenario de amenaza.

El rendimiento se ve afectado. No por falta de talento, sino por sobrecarga emocional. La mente empieza a anticipar el ataque. El cuerpo responde con tensión constante. Aparece la dificultad para dormir, la irritabilidad, el distanciamiento afectivo. El jugador sigue en el campo, pero ya no está del todo ahí.

Este daño no se limita al individuo. Afecta al grupo. Compañeros que no saben cómo intervenir. Cuerpos técnicos que priorizan la continuidad del partido. Entornos que prefieren minimizar para evitar conflictos. La soledad se vuelve estructural.

Desde la criminología del daño, este punto es central. El delito de odio no termina en el insulto. Se prolonga en sus efectos. Cuando el sistema no responde, el mensaje es devastador. Incluso si responde de forma inadecuada o insuficiente, contribuye al daño. Aquí, tu dignidad es negociable.

Este daño, no se limita al individuo que lo sufre. También se perjudica a la propia esencia del balompié: competición entre futbolistas que, con diferentes estrategias y habilidades, tratan de anotar más goles que el contrincante, representando unos valores y siendo símbolos de deportividad sana.

También tiene efectos muy negativos sobre aquél que solamente quiere disfrutar de un espectáculo que le permita abstraerse de su realidad cotidiana. Estas personas también deben ser

---

sancionados pero no quienes les insultaron.

tenidas en cuenta, pues cuando se encuentran con violencia o racismo, no logran satisfacer esa necesidad. Son aficionados que se desencantan, fútbol que pierde valor.

Y no podemos olvidar el rechazo que produce en algunos aficionados el que existan dobles raseros. Cuando la norma aplica a unos y no a otros. Cuando sienten agravio hacia las autoridades. Cuando la lealtad y el afecto por un club se transforma en hastío. Porque cuando sienten que se politiza el fútbol, y la aplicación de sus reglas, aprovechando las gradas para permitir o fomentar discursos racistas o anti-racistas; o se toleran manifestaciones políticas de un signo pero de otro no, se corre el riesgo de alienar al público que aspira a disfrutar de un tiempo de esparcimiento. Se impacta negativamente en el aficionado.

5. Leyes y normas: ¿alcanzan para solucionar la problemática?

En los últimos años se endureció el marco normativo. La FIFA revisó su código disciplinario en mayo de 2025, incrementando multas y protocolos de suspensión. Tribunales en España y el Reino Unido comenzaron a dictar penas de prisión efectiva por delitos de odio vinculados al fútbol. Es un avance significativo. La impunidad empieza a resquebrajarse.

Pero la norma, por sí sola, no cura la patología. Puede castigar el acto, pero no reeduca automáticamente al sistema que lo produce. Multar a un club sin modificar la cultura que tolera el insulto es una respuesta incompleta.

El punto crítico sigue siendo la reacción en el momento del impacto. Cuando el árbitro no detiene el partido ante un cántico racista, cuando el club relativiza lo sucedido para no perder puntos, el mensaje que se transmite es claro. El espectáculo vale más que la persona.

La impunidad no es un vacío. Es una invitación. El silencio institucional funciona como oxígeno. Permite que la violencia se reproduzca. En 2026, la tecnología permite identificar al agresor con precisión. Cámaras, biometría, registros digitales. Pero de nada sirve la técnica sin voluntad de acción, sin voluntad de intervención.

Federaciones y clubes cuentan con herramientas formales para intervenir frente al racismo y la xenofobia. Los reglamentos federativos y los estatutos internos prevén sanciones, medidas preventivas y mecanismos de actuación. FIFA, UEFA y las federaciones nacionales pueden detener partidos, expulsar infractores de los estadios y castigar cánticos u otras manifestaciones degradantes.

Las herramientas existen.

Entonces, la pregunta no puede evitarse: ¿por qué estas conductas se siguen repitiendo?

El problema no es la ausencia de normas, sino su interpretación cultural. Lo que algunos identifican como racismo, otros lo justifican como libertad de expresión o como una simple broma. Aquello que fuera de un estadio sería considerado un delito de odio, dentro se relativiza como parte del folclore. Los cánticos ofensivos y ciertas gradas de animación se amparan en la idea de identidad y pertenencia.

Así, los mecanismos de control no alcanzan la raíz del problema. Se limitan a eliminar conductas visibles por razones estéticas o de imagen, pero evitan intervenir sobre los motivos profundos que las producen. El racismo es tratado como un exceso aislado cuando, en realidad, forma parte de una estructura tolerada y funcional al sistema. Un conflicto que, en ocasiones, se politiza, se administra y hasta se aprovecha.

Esta lógica genera paradojas difíciles de justificar. Edison Cavani fue sancionado por la FA por utilizar una expresión propia de su cultura que fue interpretada como ofensiva. Vinícius Jr. ha sido cuestionado y castigado por reaccionar frente a insultos reiterados, tanto de aficionados como de otros jugadores. El sistema termina sancionando no solo la agresión, sino también la respuesta de la víctima.

El resultado es un conjunto de normas discursivas que no buscan transformar el problema, sino producir la sensación de que se lo está abordando. Muchas campañas antirracismo funcionan como un gesto simbólico que tranquiliza conciencias, pero no modifica prácticas culturales profundamente arraigadas.

La respuesta debería ir en otra dirección. No exigir a los futbolistas que renuncien a su humanidad para cumplir normas que les impiden defenderse frente al desprecio. Utilizar de manera efectiva los mecanismos existentes para identificar y sancionar a quienes reproducen mensajes racistas o xenófobos. Impedir el ingreso de pancartas ofensivas. No tolerar estas conductas en el entorno inmediato del estadio. Regular la acción de las gradas de animación cuando se convierten en amplificadores de violencia simbólica.

El estándar debe ser uno solo, aunque el análisis contemple cada contexto particular. Y, sobre todo, es necesaria una reforma más profunda: transformar la estructura sociocultural de los clubes y de los órganos de control, aumentar la seguridad, garantizar sanciones reales y rápidas, deslegitimar a los actores tóxicos y promover un cambio cultural sostenido.

6. Responsabilidad del entorno

El racismo no se sostiene solo desde la tribuna. Necesita complicidades. Compañeros que callan. Dirigentes que minimizan[51]. Medios que relativizan. Grupos organizados que popularizan el mensaje y naturalizan la exclusión. Cada gesto de indiferencia refuerza la idea de que el ataque es tolerable.

---

51   Hasta finales del siglo pasado, la connivencia de las directivas con los grupos ultras era más que notoria, por ejemplo, la del presidente Real Madrid Ramón Mendoza con los Ultras Sur o la del presidente blaugrana con los Boixos Nois, que incluía incluso entradas regaladas que luego revendían, y otras formas de financiación.

Desde una mirada sistémica, el entorno inmediato cumple un rol decisivo. No intervenir es una forma de intervención. No sancionar es una forma de habilitar.

El fútbol no fracasa únicamente cuando alguien insulta. Fracasa cuando el sistema elige mirar hacia otro lado.

Recuperar la ética del fútbol no es una cuestión de imagen ni de marketing institucional. No se resuelve con campañas ni con consignas vacías. Es una obligación humana. El deporte no se degrada en el marcador. Se degrada cuando alguien cree que comprar una entrada le otorga el derecho de humillar a otro. Cuando decide quién pertenece y quién debe ser expulsado del nosotros.

El racismo no es un problema del juego. Es el síntoma de una sociedad que aún no aprendió a convivir con la diferencia. El fútbol, como fenómeno de masas, lo expone con crudeza. Lo hace visible. Y por eso también tiene la responsabilidad de enfrentarlo.

El primer paso es incómodo. No apartar la mirada del dolor de la víctima. Reconocer que la doble cara del gol existe y que una de ellas es oscura, fría y excluyente.

El fútbol debe ser, de una vez por todas, de todos y para todos. Sin excepciones. Sin jerarquías marcadas por la piel. Sin normas que existen solo para simular control.

Recuperar el juego es recuperar algo más profundo. Nuestra propia humanidad. Porque cuando las luces del estadio se apagan, todos habitamos la misma fragilidad.

CAPÍTULO X

LAS SOCIEDADES ANÓNIMAS DEPORTIVAS COMO FACTOR CRIMINÓGENO EN EL FÚTBOL

1. El alma del club frente al frío del mercado

El fútbol es mucho más que once personas corriendo detrás de una pelota. Es un fenómeno que atraviesa biografías, construye identidad y, en muchos casos, funciona como anclaje emocional. Es memoria, pertenencia y relato colectivo. Pero también es mercado, marcas y millones. Y es precisamente en esa tensión, entre lo que se siente y lo que se factura, donde el sistema comienza a mostrar fisuras.

En el camino hacia la profesionalización absoluta surgieron las Sociedades Anónimas Deportivas como una promesa de orden. Orden financiero. Orden administrativo. Orden empresarial. Orden social. Sin embargo, toda promesa tiene una doble cara. En este caso, el riesgo no es solo económico, sino simbólico. La posibilidad de perder la esencia del club en nombre del balance.

Abordar este modelo como un factor de riesgo no implica un rechazo a la gestión moderna ni una defensa nostálgica del pasado. Es una reflexión sobre la fragilidad de los sistemas sociales cuando se altera su arquitectura institucional sin comprender su función.

Como advirtieron la UEFA y Europol al renovar su alianza estratégica en noviembre de 2025, el fútbol no es solo un deporte, sino un ecosistema vulnerable a la explotación criminal[52]. La vigilancia institucional ya no se limita al amaño de partidos, sino que se extiende a la arquitectura financiera del juego: blanqueo de capitales, opacidad en la inversión en clubes e irregularidades en los traspasos de futbolistas.

Allí donde existe una pasión compartida y un lenguaje universal, el crimen organizado encuentra grietas para legitimar fondos ilícitos bajo la apariencia del éxito deportivo.

La euforia de un triunfo puede convertirse en la cortina perfecta para que el dinero ilícito se deslice sin resistencia entre la pasión legítima. El problema no es el dinero. El problema aparece cuando el dinero desplaza al sentido.

2. Introducción al concepto de Sociedades Anónimas Deportivas

Para comprender por qué el modelo de Sociedad Anónima Deportiva genera tanta resistencia, es necesario recordar de dónde venimos. El fútbol no nació en oficinas vidriadas ni en salas de directorio. Nació en el barro de una fábrica, en el patio de una iglesia y en la mesa de un café de inmigrantes. Durante el siglo XIX, mientras la industrialización despersonalizaba al trabajador, el club emergió como un espacio donde el obrero recuperaba su nombre y su sentido de pertenencia.

Históricamente, los clubes se organizaron como asociaciones civiles porque su finalidad no era el lucro, sino la salud, la educación y el encuentro. El club funcionaba como una extensión del barrio y, fundamentalmente, como una red de contención social.

---

52   Europol / UEFA (2025). «Unidos por un fútbol justo y seguro». Memorando de Entendimiento que amplía la vigilancia sobre el blanqueo de capitales, la opacidad en los traspasos y la inversión en clubes como áreas críticas de explotación criminal.

Esta lógica asociativa operaba como un sistema de vigilancia informal: todos se conocían y todos cuidaban la casa compartida. El club era identidad, era historia hecha y por hacer.

El concepto de SAD irrumpe en este escenario para proponer un cambio en la fisiología de la institución. No es simplemente una mejora en la gestión; es una transformación del ADN organizacional. En este modelo, el club deja de ser un patrimonio social gestionado por sus miembros para convertirse en una empresa cuyo capital se divide en acciones. Aquí, la figura del socio se desplaza para dar lugar a la del accionista o el cliente, y la búsqueda del bienestar comunitario es reemplazada por el objetivo de la rentabilidad. Se difumina la identidad, los valores y la historia; muta en valor financiero e intereses empresariales.

Esta transición es la que genera la tensión sistémica que analizaremos. Cuando la pertenencia se reemplaza por acciones, el sistema cambia sus defensas. El club no necesariamente colapsa, pero su estructura se vuelve más permeable a intereses externos. Como un organismo que modifica su metabolismo, la SAD sigue funcionando, pero queda expuesta a dinámicas de mercado que el modelo asociativo, con todos sus defectos, lograba filtrar por su propia naturaleza comunitaria.

3. Historia y contexto legal de las SAD en distintos países

Las SAD no surgieron por capricho ideológico. En Europa, especialmente en España e Italia, aparecieron como respuesta a crisis financieras profundas durante los años noventa. Crisis sistémicas que afectaron a la economía y viabilidad de los clubes tradicionales, grandes y pequeños. El objetivo era ordenar balances, profesionalizar la gestión y evitar quiebras.

El resultado fue ambivalente. Algunos clubes lograron estabilidad. Otros se transformaron en vehículos de endeudamiento crónico, negocios personales y propiedad opaca: un valor más en el mercado.

Con el tiempo, el problema dejó de ser exclusivamente financiero y pasó a ser estructural. Cuando los dueños son sociedades registradas en jurisdicciones de baja transparencia, el control se diluye y la responsabilidad se fragmenta.

En términos simples, cuando no sabemos quién decide, tampoco sabemos quién debe responder.

Y no sólo eso, si no sabemos quién decide ni quién responde, ¿qué identidad tiene ese club y como mantiene íntegros a sus integrantes?

La difusión de la responsabilidad, la opacidad, la falta de valores e identidad definidos, generan desapego y desinterés. Son un factor de riesgo para que aparezcan conductas desviadas a cualquier nivel de la organización.

El contraste entre España y Argentina permite evitar posiciones dogmáticas.

En el modelo español, las SAD operan dentro de un marco institucional consolidado, con reglas formales de auditoría y supervisión, aunque en algunos casos persisten problemas de transparencia.

En Argentina, la discusión se da en un contexto de mayor fragilidad estructural, donde la entrada de capital privado podría amplificar riesgos existentes si no se acompaña de controles independientes y trazabilidad real.

El problema no es el capital, sino el ecosistema que lo regula.

4. Gestión tradicional y modelo SAD

El modelo asociativo tradicional distribuía el poder. Los socios votaban, observaban y reclamaban. No era un sistema perfecto, pero generaba una sensación de control constante, cotidiano y afectivo. Ese entramado funcionaba como una barrera informal frente a abusos y desvíos.

El modelo SAD, en cambio, concentra decisiones. Reduce la participación y transforma al hincha en espectador pasivo e impotente de la gestión. Desde el punto de vista criminológico, esta concentración actúa como factor predisponente. Menos control social implica mayor espacio para decisiones opacas. Decisiones opacas pueden generar desapego y anomia. No necesariamente por mala fe, sino porque el sistema queda estructuralmente más expuesto.

5. ¿El modelo SAD puede facilitar actividades ilícitas?

Cuando un club deja de ser una comunidad para convertirse en una estructura societaria, algo esencial en su arquitectura interna se modifica. No se trata de un simple trámite administrativo; es un cambio de naturaleza. La pregunta central deja de ser qué necesita la institución para prosperar y pasa a ser qué rendimiento ofrece el capital invertido.

En el modelo tradicional, la mirada del socio funcionaba como una barrera de contención natural. El dirigente tenía rostro, era un vecino más y sentía el peso de la decencia social. Había fronteras simbólicas que no se cruzaban porque el club era un espacio compartido.

Al transformarse en una sociedad anónima, ese control directo se desvanece. El poder se traslada a actores lejanos, a menudo protegidos por capas jurídicas que vuelven invisible la toma de decisiones. El club deja de ser un lugar de pertenencia y se convierte en un recurso financiero. Y cualquier recurso, por definición, corre el riesgo de ser instrumentalizado según el interés de un actor o del mercado.

El primer riesgo es la falta de transparencia. La experiencia comparada en el fútbol europeo muestra que esto no es una sospecha, sino una vulnerabilidad estructural. En ciertos contextos, la conversión en sociedades anónimas permitió que algunos clubes quedaran bajo el control de redes con matrices en jurisdicciones de baja fiscalidad. La figura del dueño se vuelve borrosa y la responsabilidad se fragmenta: cuando surgen irregularidades, resulta casi imposible determinar quién dio la orden y quién se benefició realmente de la maniobra.

El segundo riesgo aparece en la valoración de los futbolistas. El fútbol combina dos elementos inusuales: montos elevados y valuaciones subjetivas. No hay un precio fijo, sino una narrativa que justifica el costo. Esta combinación constituye un entorno de riesgo clásico para la opacidad financiera. Facilita la circulación de flujos cuya trazabilidad es difícil de reconstruir, especialmente cuando el control de la gente ya no llega y el del Estado suele aparecer demasiado tarde.

Finalmente, el peligro más silencioso es la deshumanización de las decisiones. Cuando el único indicador es el balance, la ética se vuelve secundaria. Un club sin su comunidad es más fácil de capturar; una institución sin memoria es más fácil de usar para fines ajenos al deporte. No es una condena inevitable, sino una advertencia: allí donde se desmonta la comunidad, deben construirse defensas institucionales.

6. No toda SAD es una estructura facilitadora del delito

Es fundamental partir de una premisa ética: ninguna forma jurídica delinque por sí misma. El riesgo real no reside en la sigla, sino en la ausencia de contrapesos. La evidencia internacional y la experiencia comparada demuestran que, bajo reglas claras, el modelo puede operar sin transformarse en un vehículo de captura económica.

Alemania ofrece un ejemplo valioso con la regla del 50+1. Este sistema garantiza que los socios conserven la mayoría del poder de decisión, permitiendo que el capital privado ingrese sin colonizar la identidad de la institución. Aquí, la inversión profesionaliza la gestión, pero no reemplaza el vínculo; la empresa compite, pero no borra la historia colectiva.

En otros contextos, el límite a la opacidad se construye con herramientas de vigilancia verificable: auditorías externas obligatorias y claridad absoluta sobre el origen de los fondos. Cuando las decisiones estratégicas son auditables, la estructura deja de ser una «caja negra» para transformarse en un modelo controlable. Estos contrapesos: normativos, sociales y culturales, son los que transforman a la SAD en una arquitectura resistente al abuso.

La eficiencia no tiene por qué exigir la renuncia al sentido de comunidad.

El punto central es que los sistemas se vuelven peligrosos cuando se diseñan sin vigilancia. O cuando la vigilancia diseñada es simbólica. Donde hay límites, el abuso pierde su atractivo porque se vuelve costoso. El problema surge cuando se presenta el modelo como una solución mágica, ignorando la estructura institucional necesaria para protegerlo.

No debemos confundir modernización con desprotección. La discusión no es si la inversión privada es necesaria, sino bajo qué grado de responsabilidad se ejerce. Cuando el capital llega con reglas, el fútbol crece; cuando entra solo, el club queda expuesto. Este análisis permite superar el falso dilema entre el romanticismo y el mercado. La pregunta final no es si la sociedad anónima es buena o mala en abstracto, sino qué condiciones evitan que el negocio devore a la pasión.

Una estructura societaria no es un factor de riesgo por definición; solo se vuelve tal cuando se la libera de su responsabilidad social y normativa. El fútbol puede cambiar de forma. Lo que no puede perder es su alma.

Tabla 10.1 Comparativa entre modelo asociativo y S.A.D: factores de riesgo criminógeno

Aspecto	Modelo asociativo	Modelo SAD	Riesgo criminógeno en SAD
Control social	Socios cercanos, rostro visible, control afectivo	Accionistas distantes, opacidad	Mayor espacio para decisiones sin rendición de cuentas
Responsabilidad	Distribuida, cotidiana, emocional	Concentrada, fragmentada, jurídica	Deshumanización de la decisión, dilución de culpa
Flujos financieros	Limitados, transparentes por presión social	Grandes, complejos, jurisdicciones opacas	Facilitación de lavado y endeudamiento crónico
Identidad comunitaria	Alta (club = barrio, historia compartida)	Baja (club = activo financiero)	Pérdida de alma, mayor vulnerabilidad a captura externa
Ejemplos reales	Clubes barriales resistentes	Algunos casos europeos y argentinos	Opacidad accionaria, transferencias infladas

Fuentes: UEFA-Europol 2025; informes AFA 2025; estudios criminológicos sobre fútbol y lavado.

7. El caso argentino: cuando el poder prueba la fragilidad del fútbol

Argentina no es un caso más. Es un espejo aumentado. Aquí, el fútbol no es solo industria ni espectáculo. Es barrio, historia y afecto. Es identidad y cultura. Es potrero y es estadio. Por eso, cada intento de modificar su estructura jurídica no es una reforma administrativa. Es una intervención sobre el tejido emocional de la sociedad.

En los últimos años, la presión para introducir las SAD reapareció con fuerza desde el poder político. Se presentó como una solución técnica. Ordenar cuentas. Atraer inversiones. Profesionalizar la gestión. El discurso fue prolijo y modernizador.

El problema no estuvo en las palabras, sino en el contexto.

La discusión se dio en un escenario de clubes endeudados, economías frágiles y estructuras institucionales debilitadas. Es decir, en un terreno donde cualquier promesa de salvación puede resultar irresistible. Cuando el sistema está exhausto, la urgencia suele reemplazar al análisis crítico.

La contradicción quedó expuesta en diciembre de 2025, cuando la justicia avanzó con allanamientos masivos en la sede de la asociación y en decenas de clubes. [53]

Las investigaciones revelaron administraciones bajo sospecha, circuitos financieros opacos y una gobernanza incapaz de controlar lo existente.

El mensaje fue incómodo, pero claro. Se proponía más mercado en un sistema que aún no había logrado transparencia básica.

---

[53] *Infobae* (2025). «Allanaron la sede de la AFA y clubes». Investigación sobre lavado de activos y préstamos irregulares mediante estructuras de patrocinio financiero.

Disponible en: https://www.infobae.com/judiciales/2025/12/09/allanan-la-sede-de-la-afa-y-el-predio-de-ezeiza-en-medio-de-varios-operativos-por-la-causa-sur-finanzas/

Ahí aparece el verdadero riesgo. No es ideológico. Es estructural. Introducir SAD en un ecosistema sin controles sólidos, sin supervisión eficaz y sin cultura de responsabilidad equivale a acelerar con los frenos gastados. No es avanzar. Es exponerse.

En Argentina, el club social cumple una función clave: control afectivo. El socio pregunta, reclama, incomoda. Hay rostro, historia y pertenencia. Cuando esa trama se reemplaza por accionistas distantes, la decisión se separa de la consecuencia. El error deja de doler. Se contabiliza.

La experiencia comparada muestra que cuando el poder económico entra sin límites claros, el fútbol deja de ser bien colectivo y empieza a comportarse como botín. Y cuando el fútbol se vuelve botín, la ética no desaparece de golpe. Se diluye. Primero se relativiza. Luego se negocia. Finalmente, se justifica.

Este debate no enfrenta pasado contra futuro. Enfrenta dos formas de entender el juego. Una lo concibe como comunidad. La otra como activo. La pregunta no es si el fútbol debe profesionalizarse. La pregunta es qué estamos dispuestos a sacrificar para hacerlo. Sacrificio futbolístico, sacrificio emocional, sacrificio económico, sacrificio en seguridad, sacrificio de integridad. Esto es lo que está en juego.

Porque hay pérdidas que no figuran en ningún balance, pero vacían de sentido al club. Cuando se rompe el vínculo con la gente, el escudo deja de proteger. Y un club sin comunidad es una estructura abierta, vulnerable y lista para ser utilizada por intereses que no sienten la camiseta.

El fútbol puede cambiar de forma. Puede profesionalizarse, crecer, atraer inversión y competir en mercados globales.

Lo que no puede perder es su alma.

Porque cuando el club deja de ser comunidad y se transforma solo en activo, el gol sigue entrando... pero ya no une.

Y esa es, quizás, la forma más silenciosa en la que el fútbol empieza a perderse.

CAPÍTULO XI

LA OTRA CARA: CUANDO EL FÚTBOL VUELVE A SER REFUGIO

Este capítulo se adentra en una dimensión donde el fútbol deja de ser un producto y vuelve a cumplir su función más antigua: ofrecer refugio cuando casi toda falla.

Cuando la exclusión, el desarraigo o la violencia erosionan los vínculos básicos, el juego aparece como uno de los pocos espacios capaces de sostener una identidad sin exigir credenciales. Allí donde el sistema clasifica, descarta o estigmatiza, una cancha de barrio todavía puede devolver algo esencial: el nombre propio.

No es romanticismo. Cuando alguien deja de pertenecer, el mundo empieza a volverse hostil. Primero se pierde el lugar. Después, todo lo demás. En ese punto, el fútbol comunitario actúa muchas veces sin saberlo: interrumpe el aislamiento, crea reglas compartidas y ofrece reconocimiento antes de que ese vacío sea ocupado por otras lógicas más destructivas.

Esa función forma parte de su ADN. En el siglo XIX, mientras la industrialización reducía al trabajador a una pieza intercambiable, el club emergió como uno de los pocos espacios donde el individuo recuperaba una identidad colectiva sin perder su singularidad. El fútbol nació para devolver humanidad allí donde la organización social comenzaba a quitarla.

1. Dragones de Lavapiés: cuando el juego devuelve pertenencia

Una tarde cualquiera, en una cancha modesta de Madrid, un chico de once años espera su turno. Amin llegó desde Marruecos con su madre, empujado por una pobreza que rara vez aparece en los discursos oficiales. En el colegio es «el extranjero». En la calle aprende rápido que pasar desapercibido es una forma de defensa.

Antes de que aparezca cualquier otra cosa, suele aparecer lo mismo: la sensación de no existir para nadie.

En Dragones de Lavapiés[54] alguien lo llama por su nombre. Nadie le pregunta por sus papeles. Le alcanzan una camiseta con un escudo que representa a su barrio. Juega. Por primera vez siente que ocupa un lugar sin tener que justificarse.

Amin no hablaba con nadie en clase. Ese día, después de un pase simple, un compañero le chocó la mano y le dijo: «*bien, hermano*». El gesto fue mínimo, pero suficiente. Lo sacó del anonimato. Le devolvió existencia.

Dragones no es solo un espacio para niños. Fundado en 2014, en el corazón multicultural de Madrid, el proyecto nació con una misión clara: hacer del fútbol un espacio de inclusión real. El acceso es gratuito. No hay cuotas, ni equipaciones obligatorias, ni barreras que excluyan. Jugar no es un privilegio: es una puerta abierta.

El club también desafía una de las tradiciones más persistentes del fútbol: su hostilidad hacia las mujeres. Las Dragonas surgieron cuando las madres del barrio empezaron a jugar.

Hoy existen equipos femeninos, mixtos y queer que disputan algo más que un partido. Cada entrenamiento cambia algo. No siempre se nota en el marcador. Se nota en la forma de caminar cuando termina el juego.

La propuesta no se agota en la cancha. Dragones convirtió una corrala del barrio en banco de alimentos y centro cultural. El fútbol funciona como entrada a una red de cuidado más amplia, donde se construyen vínculos, se comparte lo básico y se fortalece la comunidad.

Su presidenta, Dolores Galindo, lo resume con precisión: «*El fútbol no es marcar goles, es un lenguaje para entenderse y olvidar el dolor*».

Allí donde otros espacios responden con control o castigo, Dragones responde con pertenencia.

---

54   «Dragones de Lavapiés. Memoria de impacto social y convivencia ciudadana en distritos de alta diversidad, Madrid». Disponible en: https://dragonesdelavapies.com/

Para Amin y para muchas Dragonas, Dragones no es solo un proyecto social. Es el primer lugar donde dejaron de ser un problema y empezaron a sentirse parte de algo.

2. El retorno a la periferia: Sadio Mané y la ética como forma de liderazgo

Sadio Mané es una de las figuras más influyentes del fútbol africano contemporáneo. Nació en Bambali, una pequeña aldea rural de Senegal, y construyó su carrera desde la precariedad hasta la élite del fútbol europeo. Brilló en el Southampton, alcanzó su máximo nivel en el Liverpool y luego continuó su recorrido en el Bayern Múnich y en el fútbol saudí. Para millones de jóvenes africanos, Mané no representa solo éxito deportivo: representa posibilidad.

Esa posibilidad nunca implicó ruptura con su origen. En Bambali, la falta de acceso a la salud era una constante. Su padre murió por una enfermedad tratable. Ese hecho marcó su vida más que cualquier título. Cuando Mané pudo elegir, no levantó monumentos. Construyó un hospital[55].

Antes, una madre caminaba durante horas bajo el sol con su hijo ardiendo en fiebre. Hoy puede atenderlo en su propio territorio.

No es un gesto simbólico. Es hacerse cargo. Es decidir que el éxito no sirve de nada si deja a los demás atrás.

El liderazgo de Mané también se expresa en los gestos. En la Copa Africana de Naciones de 2026, tras un penal sancionado de manera dudosa, el entrenador senegalés evaluó retirar al equipo como protesta. Mané se plantó. Dijo que el fútbol africano no merecía ese final. Que había que ganar o perder en la cancha, respetando a la gente que estaba mirando.

---

55   BBC Sport Africa (2019). «Sadio Mané opens hospital in his hometown Bambali».

En un contexto donde muchas veces todo parece valer, eligió el límite. Eligió el ejemplo. Y ese gesto tuvo más peso que una victoria.

Otros futbolistas han seguido caminos similares. Mohamed Salah financió la construcción de un hospital y una escuela en Nagrig, su pueblo natal en Egipto. También instaló una planta de tratamiento de agua potable para terminar con las infecciones que afectaban a los niños de la zona[56].

Didier Drogba utilizó su capital simbólico para interrumpir una guerra civil y luego invertir en salud y educación en Costa de Marfil[57]. No son excepciones morales. Son señales de un mismo movimiento: volver para que otros no tengan que huir.

El retorno a la periferia no es un acto romántico. Es una decisión que contiene el conflicto sin negarlo. No lo elimina. Le pone un límite.

3. La esencia de lo simple

El refugio aparece cuando el fútbol recupera su forma más elemental. No necesita infraestructura, contratos ni permisos. Alcanza con una pelota y un acuerdo mínimo. Dos piedras pueden ser arcos. Dos mochilas marcan una frontera. Las reglas no bajan de ninguna autoridad: se negocian en el momento. Y esa negociación ya es una forma de convivencia.

En contextos atravesados por la desigualdad, esa simpleza no es ingenua. Jugar en un potrero implica ocupar un espacio disputado por otras lógicas: el abandono, la violencia, el control infor-

---

56   *The Sun* (2018). «Informe sobre inversión en infraestructura social». Disponible en: https://www.thesun.co.uk/sport/football/6035853/mohamed-salah-nagrig-hospital-school/

57   Didier Drogba Foundation. «Informe sobre programas de salud y educación en Costa de Marfil». Disponible en: https://www.didierdrogbafoundation.org/en

mal. Cuando un grupo se adueña de una cancha improvisada, no solo juega. Afirma presencia.

En las favelas de Río de Janeiro o en barrios como la Villa 31de Buenos Aires, el potrero es uno de los pocos lugares donde el cuerpo puede moverse sin ser sospechoso.

Donde correr no es huir. Donde reunirse no es una amenaza.

Por un rato, la lógica del miedo queda en suspenso.

Cuando niñas y adolescentes ocupan esos espacios, el efecto es aún más profundo. No solo juegan. Redefinen quién puede estar ahí y bajo qué condiciones.

El potrero no promete futuros extraordinarios. Ofrece algo más básico y más urgente: una identidad que no necesita de la violencia para afirmarse.

Tabla 11.1. Refugio comunitario vs. Sistema global

Dimensión	Refugio comunitario	Sistema global	Impacto real del refugio
Lógica	Prevención y pertenencia	Rentabilidad y eficiencia	Reduce deserción y riesgo de pandillas
Sujeto	Personas con historia	Activos mercantiles	Genera confianza y redes de apoyo
Relación	Mentoría y comunidad	Jerarquía y contrato	Interrumpe trayectorias de exclusión
Escala	Local e invisible	Global y mediático	Contención diaria ante la crisis
Resultado	Interrumpe cadena de daño	Amplifica vulnerabilidades	Anticuerpo frente a la patología sistémica

Fuentes: Observatorios locales, informes UNODC, estudios criminológicos sobre deporte y exclusión.

4. El hombre de la pelota nueva

En casi todos los relatos sobre fútbol de barrio aparece una figura que organiza todo sin hacerse notar. No es el mejor jugador ni el más fuerte. Es quien trae la pelota nueva. El que llega antes. El que apaga una pelea con una frase corta. El que presta atención.

No es un héroe. Es un adulto presente.

No vigila: cuida.

No impone reglas externas: ayuda a sostener las que el grupo ya aceptó.

Su autoridad no nace del miedo, sino de la coherencia. Introduce límites sin humillar y corrige sin expulsar.

Mira cuando otros no miran.

Ese 'hombre de la pelota nueva', que puede ser una mujer, una entrenadora, una madre, un vecino, convierte al juego en un ritual de pertenencia.

No necesita credenciales. Su presencia y su constancia son las que ordenan el espacio.

Allí donde el abandono es la norma, la permanencia se vuelve una forma de justicia.

11.5. El fútbol en su totalidad

El fútbol es un universo integrado. El brillo de la alta competencia y el latido del potrero son dos mitades de un mismo corazón.

En ese polvo de barrio conviven, al mismo tiempo, la contención de quienes buscan un refugio y el deseo de quienes sueñan con los grandes estadios.

La misma cancha que protege a un joven de la intemperie es la que empuja a otro hacia la cima.

El potrero es el suelo común donde el alivio y la ambición se tocan.

Es el lugar donde la realidad no anula la esperanza y la esperanza no niega la realidad: la capacidad de ofrecer, en un mismo espacio, un escudo y un trampolín.

Mientras exista un espacio donde alguien pueda recuperar su nombre.

Mientras una cancha sea refugio para unos y punto de partida para otros.

Mientras el fútbol permita que, en un mismo pase, convivan el consuelo de hoy y el sueño de mañana.

Cuidar ese encuentro no es nostalgia. Es una decisión humana.

Y, a veces, una decisión urgente.

EPÍLOGO

¿HACIA UN FÚTBOL POSIBLE?

El fútbol no es inocente.

A lo largo de este libro quedó expuesta una verdad incómoda: el fútbol es un mismo fenómeno capaz de sostener, al mismo tiempo, una de las industrias más rentables del planeta y algunos de los últimos espacios de contención que aún sobreviven en contextos de exclusión.

No son dos mundos separados.

No son dos deportes distintos.

Es la misma pelota habilitando ambas cosas.

El fútbol concentra dinero, poder y capacidad de daño.

También concentra identidad, pertenencia y refugio.

Esa convivencia no es una anomalía: es su condición.

El problema aparece cuando una de esas caras se naturaliza y la otra queda relegada, invisible, como si no formara parte del mismo juego.

En estas páginas vimos cómo el negocio puede desbordar controles, cómo la pasión puede funcionar como coartada y cómo el silencio protege prácticas que producen daño.

Pero también vimos que, en los márgenes de ese mismo fenómeno, el fútbol sigue siendo un espacio donde alguien puede ser nombrado, contenido y reconocido.

Ahí está la doble cara del gol.

No como contradicción moral, sino como tensión permanente.

Este libro no propone elegir entre la industria y el potrero.

Propone comprender que conviven. Que se alimentan del mismo balón.

Y que esa convivencia exige responsabilidad, porque cuando el poder se desborda, el daño no es abstracto: tiene cuerpos, trayectorias y nombres propios.

El fútbol no va a salvar al mundo.

Pero mientras exista un niño que todavía encuentre en una cancha un lugar donde no sea descartable, y mientras esa misma pelota pueda ser, al mismo tiempo, refugio y promesa, el fútbol seguirá siendo algo más que un negocio.

Cuidar esa convivencia no es nostalgia.

Es no olvidar que el fútbol siempre tiene dos caras.

Es no ignorar el valor de un gol.

Es poner rostro a esas dos caras para enfrentarlas.

Es honrar las palabras de Diego Armando Maradona: «La pelota no se mancha»; devolviendo al balón su inocencia, pero reconociendo al fútbol su dualidad.

Porque cuando una borra a la otra, no se pierde una discusión:

se pierde la magia.

¿¡Que viva el fútbol...!?

BIBLIOGRAFÍA

Brohm, J. M. (2006). *La tyrannie sportive. Théorie critique d'un opium du peuple*. París: Beauchesne.

Brohm, J. M. (2020). *Le sport-spectacle de compétition: Un asservissement consenti*. Alboussière: Quel sport? Éditions.

Caudwell, J. (2011). «Gender, feminism and football studies», *Soccer & Society*, 12(3), 330–344.

Cuesta, L. (29/07/2022). «Eurocopa femenina, un campeonato con historia», *La Vanguardia* [en línea]. [Consulta: 18/11/2024]. https://www.lavanguardia.com/vida/junior-report/20220729/8437024/eurocopa-femenina-campeonato-historia.html

Draper, K. (03/10/2022). «Report details «Systemic» abuse of players in women's soccer», *The New York Times* [en línea]. https://www.nytimes.com/2022/10/03/sports/soccer/us-soccer-abuse-nwsl.html

Estrada Fernàndez, X. (2024). *La verdad del Caso Negreira: Mi lucha contra la corrupción arbitral*. Madrid: La Esfera de los Libros.

FIFA (2019-2025). «FIFA Guardians Program» [en línea]. [Consulta: febrero 2026]. https://www.fifa.com/guardians

FIFA (2025). «Women's Football Development Report 2019–2025» [en línea]. [Consulta: febrero 2026]. https://www.fifa.com/womensfootball

FIFPRO (2025). «Global Employment Report / Workload Monitoring Report 2024/25» [en línea]. [Consulta: febrero 2026]. https://fifpro.org

Galeano, E. (1995). *El fútbol a sol y sombra*. Madrid: Siglo XXI Editores.

García Amo, H. (2023). «El fair play económico, la cultura deportiva y la corrupción en el ámbito deportivo», en Millán Garrido (Coord.), *Temas de actualidad en Derecho del Deporte y gestión de entidades deportivas*. Madrid: Editorial Reus.

Gouttebarge, V. et al. (2021-2024). «Mental health and career transitions in professional football», *British Journal of Sports Medicine / FIFPRO Research Reports*.

Groombridge, N. (2016). *Sports criminology: A critical criminology of sports and games*. Bristol: Policy Press.

Groombridge, N. y Millward, P. (2020). «White-collar crime in sport: A review of the literature», *Journal of Sport and Social Issues*, 44(3), 215–235.

Hartill, M. et al. (2021). *CASES: Child abuse in sport: European Statistics — Project Report*. Ormskirk, UK: Edge Hill University.

Jennings, A. (2015). *The Dirty Game: Uncovering the Scandal at FIFA*. Londres: Century.

Kick It Out (2025). «Discrimination Reporting Report 2024/25» [en línea]. [Consulta: febrero 2026]. https://www.kickitout.org

Martín, S. (2024). *La pelota sí se mancha. Las conexiones entre poder y el fútbol que han cambiado la historia*. Málaga: Última Línea Editorial.

Menayo, D. (2015). *El fútbol femenino en 20 toques. La historia contada a través de las vivencias, anécdotas e impresiones de sus protagonistas*. Pontevedra: Ediciones Cydonia.

Millward, P., Ludvigsen, J. A. L. y Sly, J. (2022). *Sport and crime: Towards a critical criminology of sport*. Londres / Nueva York: Routledge.

Mission 89 (2024). «Global Report» [en línea]. [Consulta: febrero 2026]. https://mission89.org/global-report

Muñoz, E. (13/04/2025). «Las Dragonas de Lavapiés: Cómo el fútbol salva vidas y previene el delito», *Diario Memo* [en línea]. https://www.memo.com.ar/opinion/fútbol-femenino-criminologia/

Ogállar, H. (09/08/2024). «De Lavapiés a París: la historia de Dragones, un club para personas que necesitan un fútbol diferente», *El Confidencial* [en línea]. https://www.elconfidencial.com/espana/madrid/2024-08-09/lavapies-paris-dragones-club-personas-fútbol-diferente_3939531/

Pascual, B. (22/04/2024). «Las Dragonas de Lavapiés, un impulso al fútbol femenino», *La Razón* [en línea]. https://www.larazon.es/madrid/dragonas-lavapies-impulso-fútbol-femenino_20240422662614b1c0b95c00010cd2ea.html

Peinado, Q. (2022). *Futbolistas de izquierdas*. Benetússer: Fuera de ruta Editorial.

Perelman, M. (2014). *La barbarie deportiva. Crítica a una plaga mundial*. Barcelona: Virus Editorial.

Portillo, S. y Sánchez, I. (2021). *Femenino. El fútbol que no nos quisieron contar*. Buenos Aires / Madrid: Librofutbol.com.

Ramos Neira, R. (2025). «Aportación probatoria, en el caso Negreira» [video en línea]. https://www.youtube.com/watch?v=DM69ts0xxwM

Ramos Neira, R. (2025). «Reacciones en Barcelona al documental de Laporta» [video en línea]. https://www.youtube.com/watch?v=1NwErG7nfzk

Rauet, A. (2025). «Laporta Gate: El cas Reus 2» [documental en línea]. [Consulta: febrero 2026]. https://www.youtube.com/watch?v=FntXc4fibio

Rauet, A., Tella, A. y Gómez, V. (2022). «El cas Reus FC: Buscant culpables» [documental en línea]. [Consulta: febrero 2026]. https://www.youtube.com/watch?v=p_NclLFrV-I

Ríos Corbacho, J. M. (2019). *Lineamientos de la violencia en el derecho penal del deporte*. Madrid: Editorial Reus.

Rubiales, L. (2025). *Matar a Rubiales*. Málaga: Última Línea Editorial.

Sáez, M. y Worden, M. (2023). «Spanish Women players spotlight crisis of abuse» [en línea]. https://sportandrightsalliance.org/spanish-women-players-spotlight-crisis-of-abuse/

Safe Sport International (2023-2025). «Reportes y protocolos de protección en el deporte» [en línea]. [Consulta: febrero 2026]. https://safesportinternational.org

Sebreli, J. J. (2011). *La Era del Fútbol*. Buenos Aires: Editorial Sudamericana.

Sharpe, G. (2005). *Free the Manchester United Seven: The Inside Story of Football's Most Infamous Betting Scandal*. Londres: Robson Books.

Suárez, O. (2000). *Los cuerpos del poder. Deporte, política y cultura*. Barcelona: Editorial Casiopea.

Transparency International UK (2025). «Safeguarding football from illicit finance» [en línea]. [Consulta: febrero 2026]. https://www.transparency.org.uk/publications/safeguarding-football-illicit-finance

UNICEF Innocenti (2023). «Children in Sport» [en línea]. [Consulta: febrero 2026]. https://unicef-irc.org/publications/children-in-sport

Usall, R. (2017). *Futbolítica. Històries de clubs políticament singulars*. Barcelona: Ara Llibres.

Usall, R. (2021). *Futbolítica: Una vuelta al mundo a través de clubes políticamente singulares*. Madrid: Altamarea Edición.

Wahl, A. (1989). *Les Archives du football: Sport et société en France (1880-1980)*. París: Gallimard.

Wilson, J. Q. y Kelling, G. L. (1982). «Broken windows: The police and neighborhood safety», *The Atlantic Monthly* [en línea]. [Consulta: febrero 2026]. https://www.theatlantic.com/magazine/archive/1982/03/broken-windows/304465/